MAMMAS KÜCHE
IN TRENTINO
UND SÜDTIROL

VEREINIGUNG SLOW FOOD

MAMMAS KÜCHE IN TRENTINO UND SÜDTIROL

DIE REZEPTE DER OSTERIE D'ITALIA

Mit einer Einführung
zum piemontesischen Wein von
Helmut Riebschläger
und Eberhard Spangenberg

Zusammenstellung, Übersetzung
und Bearbeitung von
Susanne Bunzel

1994
edition spangenberg bei Droemer Knaur

Die Deutsche Bibliothek – CIP-Einheitsaufnahme

Mammas Küche in Trentino und Südtirol: die Rezepte der Osterie d'Italia/Vereinigung Slow Food.
Mit einer Einf. zu den Weinen von Helmut Riebschläger und Eberhard Spangenberg.
Zsstellung, Übers. und Bearb. von Susanne Bunzel.
München: Ed. Spangenberg bei Droemer Knaur, 1994
ISBN 3-426-26750-0
NE: Bunzel, Susanne; Riebschläger, Helmut; Vereinigung Slow Food

Umschlaggestaltung: Agentur ZERO, München
Umschlagfoto: Vorderseite: Jacqui Hurst/Conran Octopus courtesy of Valentina Harris – Rückseite: Norbert Dallinger
Satz: Franzis-Druck, München
Druck und Bindung: Franz Spiegel Buch GmbH, Ulm-Jungingen
Printed in Germany
ISBN 3-426-26750-0

5 4 3 2 1

INHALT

HAUPTSPEISEN
und Beilagen

NACHSPEISEN

VORWORT

Gibt es überhaupt *die* Küche des Trentino und Südtirols? Die Frage scheint berechtigt, denn es handelt sich um ein weitläufiges Gebiet mit hohen Bergen, Gletschern und Tannenwäldern auf der einen Seite, dem malerischen Gardasee, charmanten Villen und lieblichen Weingärten auf der anderen. Drei verschiedene Sprach- und Bevölkerungsgruppen (deutsch, ladinisch und italienisch) mit unterschiedlicher kultureller Identität leben hier – nicht immer ganz ohne Konflikte – nebeneinander. Zudem war das Gebiet seit jeher ein Durchgangsland von Nord nach Süd und umgekehrt, so daß die Bevölkerung mit den unterschiedlichsten Gepflogenheiten in Berührung kam. Hier verschmelzen die kulinarischen Traditionen Italiens, Österreichs und Bayerns zu unverwechselbaren Tafelfreuden. Denn gerade in ihrer Vielfalt ist die Küche der Region einzigartig.

Deftig, schmackhaft und eher rustikal stellt man sie sich vor. Das trifft auch auf weite Teile zu, denn das rauhe Klima in den Bergen und die oft schwere körperliche Arbeit der Bauern verlangten nach »handfester« Kost. Die »Mamma« stand am Herd oder »Fogolar«, wie die große Feuerstelle in den Bauernhäusern des Trentino heißt, und rührte in ihren großen Kupferkesseln Polenta, Suppen und Kartoffelkuchen.

In den milderen Gegenden nach Süden hin konnte sich eine feinere Küche entwickeln. In Bozen weitet sich das Tal, Weingärten bestimmen auf einmal die Landschaft, Spargel gedeiht, die Obstbäume blühen um einige Wochen früher, der Frühling zieht eher ins Land. Goethe notierte auf einer seiner italienischen Reisen begeistert in sein Tagebuch: »Hier fühle ich mich wohl, eine milde Luft weht über die Landschaft.« Gelangt man noch weiter in den Süden, an den Gardasee, so kann man dort bereits den Einfluß südländischer Küche spüren. Es wachsen Oliven, Zitrusfrüchte, bis in den Dezember hinein blühen die Rosen.

Es sind jedoch nicht nur die klimatischen Unterschiede allein, die eine so mannigfaltige Küche hervorgebracht haben. Bozen war und ist Bischofssitz, Trient war zwei Jahrzehnte lang Schauplatz des nach ihm benannten Glaubenskonzils und wurde lange von Fürstbischöfen regiert – und die geistlichen Herren waren bestimmt keine Kostverächter. So konnten sich in Trient neben einer sehr einfachen Bergbauernküche auch raffinierte Rezepte und Speisen aus hochwertigen und edlen Rohstoffen wie Wild und Fisch entwickeln. Sie gerieten in der Folge des Konzils auch nicht in Vergessenheit. Denn der Chronist des Konzils zeichnete nicht nur die dort gefällten Beschlüsse peinlich genau auf, auch für den Speisezettel des Klerus zeigte er lebhaftes Interesse. Die Strangolapreti (kleine Spinatklößchen) oder das Bischofsbrot führen die Geistlichkeit sogar noch in ihrem Namen.
Neben den Fürstbischöfen hinterließen auch die Habsburger deutliche Spuren in der Regionalküche. Sie beherrschten Südtirol und das Trentino bis zum Zusammenbruch der Donaumonarchie in der Folge des Ersten Weltkriegs, als beide Regionen an Italien fielen. So finden sich auf dem traditionellen Speisezettel österreichische Klassiker wie Frittatensuppe, der Apfelstrudel ist im Trentino genauso zu Hause wie in Südtirol. Im Rahmen von gewissen Autarkiebestrebungen der österreichischen Regierung war es andererseits notwendig geworden, auf übermäßige Importe zu verzichten und sich auf die Grundstoffe der Gegend zu besinnen. Das verhalf angestammten und bodenständigen Gerichten wieder zu ungeahntem Aufschwung, und man besann sich bei der Lebensmittelbeschaffung auf einfache Tricks. So füllte man beispielsweise Salami nicht mehr ausschließlich mit Fleischbrät, sondern streckte sie mit Rüben oder Kastanien.
Getrunken wird in den beiden Provinzen Bozen und Trient fast ausschließlich Wein, der in der Gegend in reichem Maße gedeiht. Wenn die anstrengenden Wochen der Lese und des Kelterns vorüber sind, wird der junge Wein gebührend gefeiert. Ursprünglich zwischen dem Martinstag und dem Fest der Hl. Katharina und heute bereits den ganzen Oktober über zieht man von Bauernhof zu

Bauernhof und kehrt dort auf ein paar geröstete Kastanien, ein paar Scheiben Speck und ein Gläschen Wein ein. »Törggelen« nennt man diesen Brauch, dessen Bezeichnung sich von dem lateinischen Wort für Weinpresse, »torculum«, ableitet. Doch nicht nur im Herbst, auch im Alltagsleben nimmt der Wein eine wichtige Stellung ein. Daß dies wohl immer schon so war, beweisen diese Verse des Minnesängers Oswald von Wolkenstein, der auf einer seiner zahlreichen Reisen den heimatlichen Wein schwer vermißte: »Ein Wein, so ›süß'‹ wie Schlehentrank/ macht mir die Seele rauh und krank/ daß sich verwirrt mein heller Sang/ oft nach Tramin geht mein Gedank.«

Susanne Bunzel

VORSPEISEN

Blutwursttäschchen

Louis Agostini, Kaiserkron, Bozen

Zutaten für 4 Personen:
Für den Teig: 300 g Mehl, 3 Eier, Salz, evtl. etwas Wasser
Für die Füllung: 1 Zwiebel, etwas Butter, 200 g Blutwurst, Salz, Pfeffer
Außerdem: 1 Ei zum Bestreichen, Butter und geriebener Käse zum Servieren

Zubereitungszeit: 1 1/2 Stunden

Für diese Art von Teigtäschchen bereite ich zuerst die Füllung zu. Ich hacke die Zwiebel fein und dünste sie in Butter an. In der Zwischenzeit schneide ich die Blutwurst in Scheiben. Wenn die Zwiebel glasig wird, gebe ich die Blutwurstscheiben dazu. Ich brate sie etwa zehn Minuten und streiche sie dann durch ein Sieb. Anschließend würze ich sie noch mit Salz und Pfeffer und stelle sie beiseite.
Nun knete ich den Nudelteig. Dazu häufe ich Mehl auf eine Arbeitsfläche, forme in der Mitte eine Vertiefung und lasse die Eier und etwas Salz hineingleiten. Ich vermenge die Zutaten zu einem geschmeidigen Teig. Sollte Ihnen der Teig zu fest erscheinen oder etwas brüchig geraten, geben Sie noch etwas Wasser dazu. Nudelteig gerät je nach Witterungsverhältnissen (Luftfeuchtigkeit!) immer etwas unterschiedlich, so daß auch wir Profiköche keine ganz genauen Angaben über die Zutaten geben können. Sie entscheiden am besten von Fall zu Fall selbst, wieviel Flüssigkeit noch notwendig ist usw.
Ich lasse den Teig ein wenig ruhen (etwa zehn Minuten) und rolle ihn dann auf einer bemehlten Arbeitsfläche möglichst dünn aus. Ich teile ihn in zwei Hälften. Die eine Hälfte bestreiche ich dünn mit dem verquirlten Ei, bevor

ich die Füllung daraufsetze. Ich steche mit einem Teelöffel kleine Portionen von der Blutwurstmasse ab und setze sie in Abständen von etwa fünf Zentimetern auf den Teig. Dann lege ich die andere Teighälfte darüber und drücke sie in den Zwischenräumen gut fest. Jetzt kann ich die Teigtäschchen entweder mit einem Teigrädchen abtrennen oder mit einer runden Plätzchenform ausstechen.

Die Täschchen werden etwa fünf Minuten in Salzwasser gekocht. Ich hebe sie mit einer Schaumkelle heraus, lasse sie gut abtropfen und serviere sie mit geriebenem Käse und zerlassener Butter.

Brennesselsuppe

Ulli Mair, Pretzhof, Tulfer

Auf den abgelegenen Bergbauernhöfen war es praktisch unumgänglich, mit der Jahreszeit zu gehen und das zu nutzen, was gerade in den Wäldern oder auf den Wiesen wuchs. Die zarten Brennesselspitzen ähneln in ihrem Aroma jungem Blattspinat, und man braucht sie nur von den Pflanzen zu zupfen!

Zutaten für 4 Personen:
400–500 g zarte Brennesselblätter (ersatzweise junger Blattspinat), 1 l Wasser oder Fleischbrühe, 1 faustgroße Kartoffel, 1 Zwiebel, Butter, Salz, Muskat, Pfeffer, etwas geriebener Käse

Zubereitungszeit: 60 Minuten

Ich verlese und wasche die Brennesseln bzw. den jungen Spinat. Die Brennesselspitzen haben schon die richtige Größe, die Spinatblätter zupfe ich noch klein, dann gebe ich sie nur mit dem Wasser, das vom Waschen noch an ihnen haftet, in einen Topf und gare sie. Anschließend gieße ich sie mit Wasser oder Fleischbrühe auf. Ich schäle die Kartoffel, schneide sie in grobe Würfel und gebe sie in die Suppe, die ich so lange köcheln lasse, bis die Kartoffelwürfel weich sind. Das gibt der Suppe eine schön sämige Konsistenz. In der Zwischenzeit hacke ich die Zwiebel fein, dünste sie kurz in Butter an und gebe sie dann auch in die Suppe. Sind alle Zutaten weichgekocht, püriere ich sie mit dem Pürierstab und schmecke sie mit Salz, Pfeffer und Muskat ab. Ich verteile die Suppe auf Teller und bestreue sie mit geriebenem Käse. Sie können den Käse auch schon vorab in die Suppe rühren. Das macht die Suppe insgesamt kräftiger im Geschmack und noch cremiger.

Brò brusà
Brennsuppe

Ada Chiesa Rappo, Trient

Echte Tridentiner Bergküche ist traditionsgemäß sehr einfach. Die meisten Gerichte haben im Lauf der Zeit Veränderungen erfahren, sind mit neuen Zutaten verfeinert worden. Ada Chiesa Rappo stellt Ihnen hier noch ein ganz ursprüngliches Rezept vor:

Zutaten für 4 Personen:
1 Zwiebel, Öl, Butter, 4 Eßlöffel Mehl, 3/4 l Wasser oder Brühe, 1 Kartoffel, 2 Handvoll Reis

Zubereitungszeit: 60 Minuten

Für die Brennsuppe hacke ich zunächst die Zwiebel fein und glase sie in einem Topf in einem nußgroßen Stückchen Butter und etwas Öl an. Dann streue ich das Mehl hinein und lasse es unter ständigem Rühren mitdünsten, bis eine bräunliche Creme entsteht. Das dauert etwa zehn Minuten. Ich nehme den Topf vom Herd und gieße die Flüssigkeit auf. Dabei muß ich ebenfalls kräftig rühren, damit das Mehl keine Klümpchen bilden kann. Ich stelle den Topf nun wieder auf den Herd und bringe die Flüssigkeit zum Kochen. Auch hier ist es wichtig, daß Sie ständig weiterrühren, damit das Mehl nicht auf den Topfboden sinkt und anbrennt. Daher kommt wohl auch der Name, denn »Brò brusà« bedeutet im Dialekt des Trentino nichts anderes als »Verbrannte Suppe«. Wenn die Suppe zu kochen anfängt, gebe ich die in kleine Würfel geschnittene Kartoffel und den Reis hinein. Ich lasse die Suppe – unter ständigem Rühren – so lange kochen, bis der Reis gar ist. Je nach Sorte dauert das zwischen 15 und 25 Minuten. Dann verteile ich die Suppe auf Teller und serviere sie.

Auch in Südtirol ist diese denkbar einfache Suppe bekannt. In der Regel wurde sie lediglich mit Wasser zubereitet und vor dem Servieren mit einem verquirlten Ei etwas gehaltvoller gemacht.

Brò matt
Falsche Brühe

Ada Chiesa Rappo, Trient

»Falsche Brühe« nennt man diese Suppe, weil sie ausschließlich mit Wasser zubereitet wird. Sie diente früher den Waldarbeitern und Holzfällern als Mahlzeit am frühen Morgen, bevor sie zur Arbeit aufbrachen.

Zutaten für 4 Personen:
1 l Wasser, Salz, 4 Scheiben Roggenbrot, 60 g Butter,
2 Handvoll geriebener Käse

Zubereitungszeit: 20 Minuten

Ich salze das Wasser und bringe es zum Kochen. In der Zwischenzeit lege ich vier tiefe Teller mit je einer Scheibe Roggenbrot aus und bräune die Butter in einem Pfännchen. Wenn das Wasser kocht, gieße ich es über die Brotscheiben. Ich gieße die gebräunte Butter dazu und bestreue die einzelnen Portionen mit geriebenem Käse. Der darf ruhig kräftig im Geschmack sein; ich nehme deshalb am liebsten einen reifen Käse von unseren Almen. Parmesan eignet sich ebenfalls sehr gut.

Canederli al formaggio
Käseklößchen

Wanda Zani, Trattoria Novecento, Rovereto

Zutaten für 4 Personen:
500 g Weißbrot vom Vortag, etwas Milch zum Einweichen, 200 g gemischter Käse, gewürfelt oder gerieben, 3 Schalotten, 30 g Butter, 75 g Mehl, 3 Eier, Salz, Pfeffer, 4 Eßlöffel Semmelbrösel
Außerdem: zerlassene Butter und geriebener Käse (vorzugsweise Grana aus dem Trentino) zum Servieren

Zubereitungszeit: 60 Minuten

Zunächst weiche ich das Weißbrot in etwas Milch ein. In der Zwischenzeit hacke ich die Schalotten fein und glase sie in der Butter an. Dann gebe ich sie zusammen mit dem Käse, den Eiern und dem Mehl in eine Schüssel. Ich vermenge alles zu einer gleichförmigen Masse, würze diese mit Salz und Pfeffer und drehe sie dann durch den Fleischwolf, damit sie wirklich schön fein und gleichmäßig wird. Mit zwei Eßlöffeln forme ich ovale Klößchen, wende sie in den Semmelbröseln und gare sie in leise kochendem Salzwasser. Wenn sie an die Oberfläche steigen, hebe ich sie mit einer Schaumkelle heraus und schwenke sie anschließend in zerlassener Butter und geriebenem Käse.

Canederli della Val d'Ultimo
Ultentaler Hirnnockerl

Pia Viola, St. Pankraz

Zutaten für 4 Personen:
250 g Weißbrot vom Vortag, 1 Glas Milch, 1 Kalbshirn, etwas Zitronensaft oder Essig, 60 g Speck, 60 g Ricotta, 2 Eier, 2 Eßlöffel feingeschnittener Schnittlauch, 1 Zwiebel, 1 Knoblauchzehe, etwas Mehl und Semmelbrösel, 60 g Butter, Salz

Zubereitungszeit: 90 Minuten

Vom Weißbrot entferne ich zunächst die Rinde, dann schneide ich es in kleine Würfel, gebe diese in eine Schüssel und übergieße sie mit Milch. In der Zwischenzeit wasche ich das Kalbshirn unter fließendem kalten Wasser. Dann tauche ich es kurz in kochendes Wasser, das ich zuvor mit ein paar Spritzern Zitronensaft oder Essig gesäuert habe. Nach drei bis vier Minuten nehme ich es wieder heraus, schrecke es mit kaltem Wasser ab und ziehe mit einem scharfen Messer die Haut ab. Jetzt kann ich das Hirn hacken. Ich hacke auch die Zwiebel fein, schneide den Speck in ganz kleine Würfel und dünste beides in einer Pfanne an. Anschließend gebe ich die gedünsteten Zwiebel und Speckwürfel, das kleingeschnittene Kalbshirn, den Schnittlauch, den feingehackten Knoblauch und das Brot in eine Schüssel. Ich vermenge alles sorgfältig mit den Eiern und der Ricotta zu einem gleichmäßigen Teig, salze ihn und streue etwas Mehl darüber, damit er nicht zu feucht wird. Diesen Teig lasse ich etwas ruhen. Nach Bedarf gebe ich noch eine Handvoll Semmelbrösel dazu. Nach einer halben Stunde forme ich aus dem Teig Nockerln und gare sie in leicht kochendem Salzwasser. Nach etwa 15 Minuten sind sie fertig, und ich kann sie mit zerlassener Butter servieren. Sie schmecken auch als Suppeneinlage ausgezeichnet.

Fleischbrühe, Grundrezept

Ada Chiesa Rappo, Trient

Zahlreiche Gerichte aus Südtirol und dem Trentino brauchen eine gute Fleischbrühe als Basis. Sie wird zum Kochen für Risotto und die verschiedensten Suppen verwendet, und die zahlreichen Canederli, Nockerln und Klößchen eignen sich als wunderbare Einlagen für eine schmackhafte Brühe.

Zutaten für 6–8 Personen:
2–3 l Wasser, 1 Zwiebel, 2 Karotten, 1 Handvoll Petersilie, 1 Lauchstange, 1 Handvoll Liebstöckel, Suppenknochen, Suppenfleisch (Ochsenschwanz, Beinscheiben oder Zwerchrippe), Salz

Zubereitungszeit: 2 1/2 Stunden

In einem großen Topf setze ich so viel Wasser auf, daß er etwa bis zur Hälfte gefüllt ist. Dann wasche und putze ich das Gemüse und gebe es zusammen mit dem Fleisch und den Knochen ins Wasser. Es ist eine alte Streitfrage, ob man das Fleisch ins kalte oder ins kochende Wasser legen soll. Wenn ich eine gute Brühe will, lege ich es schon in das kalte Wasser. Ist mir das Fleisch wichtiger, weil ich beispielsweise einen Bollito misto servieren will, so gebe ich es erst später in die Suppe. Wichtig ist in jedem Fall, daß die Brühe nicht sprudelnd kocht, sondern nur leise köchelt. Von Zeit zu Zeit schöpfe ich mit der Schaumkelle den Schaum, der sich oben auf der Brühe bildet, ab. Das Fleisch ist, je nach Größe, nach etwa zwei Stunden gar. Wenn Sie eine gemischte Brühe wollen, können Sie nach der Hälfte der Garzeit auch noch ein Hühnchen mit in den Topf geben. Gesalzen wird die Suppe übrigens erst zum Schluß. Würde man gleich zu Beginn salzen, hätte man schnell eine versalzene Suppe, denn beim Kochvorgang verdampft noch jede Menge Wasser. Wenn das Fleisch gar ist, nehme ich es zusammen mit dem Gemüse heraus und gieße die restliche Brühe durch ein Sieb. Jetzt kann ich sie zum Kochen verwenden oder mit einer Einlage servieren.

Frittatensuppe

Paula Federa, St. Ulrich

Daß das Grödnertal einst zum Habsburgerreich gehörte, ist auch in seiner Küche zu spüren, die so typisch »österreichische« Spezialitäten wie die Frittatensuppe kennt.

Zutaten für 6 Personen:
1 Ei, 1 1/2 Tassen Mehl, 1 Tasse Milch, Salz, etwas Fett zum Backen, 1 1/2 l Fleischbrühe
Außerdem: etwas Schnittlauch zum Garnieren

Zubereitungszeit: 30 Minuten

Ich verrühre Ei, Mehl, Milch und Salz zu einem glatten und flüssigen Teig. In einer Pfanne erhitze ich das Fett und gieße dann so viel Teig hinein, daß er in einer dünnen Schicht den Boden der Pfanne bedeckt. Ich backe ihn zuerst auf der einen Seite goldbraun, dann wende ich ihn und backe ihn auch auf der anderen Seite. Das Wenden erfordert einige Erfahrung. Der Teig muß auf der einen Seite wirklich gut durch sein, bevor man ihn wenden kann, denn sonst gibt es »Schmarrn« und keine Frittaten. Ist der Teig auf beiden Seiten goldbraun, nehme ich ihn heraus, lege ihn auf einen Teller und lasse ihn auskühlen. So fahre ich fort, bis der ganze Teig aufgebraucht ist.
Anschließend rolle ich die Frittaten zusammen und schneide sie in feine Streifen, die ich auf Suppenteller verteile und mit Fleischbrühe übergieße. Meist garniere ich sie noch mit feingeschnittenem Schnittlauch, der der Suppe einen herrlich frischen Geschmack verleiht.

Funghi trifolati
Pilze in Knoblauch und Petersilie
Wanda Zani, Trattoria Novecento, Rovereto

Fast jeder in der Tridentiner Gegend ist ein leidenschaftlicher Pilzesammler. In den Wäldern wachsen die edlen Steinpilze, aber auch jede Menge anderer schmackhafter Sorten. Wenn Sie nicht gerade giftige Pilze erwischen, sind eigentlich alle Sorten für dieses Gericht geeignet. Sie können nur Steinpilze verwenden oder aber verschiedene Sorten mischen.

Zutaten für 4–6 Personen:
1 kg Pilze, 2 Knoblauchzehen, 1 Handvoll Petersilie, Olivenöl, Salz, eventuell etwas Weinessig

Zubereitungszeit: 60 Minuten

Ich putze die Pilze mit einem scharfen Messer. Sie sollten Sie nach Möglichkeit nicht waschen. Wenn Ihnen dies unbedingt nötig erscheint, dann brausen Sie die Pilze nur ganz kurz ab, denn sie saugen sich sonst mit Wasser voll (»Schwammerl«!), was ihre Qualität beeinträchtigt. Je nach Größe schneide ich die Pilze in Scheiben oder halbiere sie.
In einer weiten Pfanne erhitze ich das Öl und den Knoblauch, den ich vorher durch eine Presse gedrückt habe. Nun gebe ich die Pilze dazu und brate sie bei starker Hitze, damit das Wasser, das aus den Pilzen austritt, schnell verdunsten kann. Wenn das Wasser fast vollständig verdunstet ist, salze ich, decke die Pfanne zu und lasse die Pilze noch so lange weiterschmoren, bis die Stiele weich geworden, aber noch bißfest sind. Dann nehme ich die Pilze vom Herd und bestreue sie mit der gehackten Petersilie.

Dieses Gericht läßt sich auch gut vorbereiten und als kalte Vorspeise servieren. Dazu gibt man die fertig gebratenen Pilze in eine Schüssel, bestreut sie mit gehackter Petersilie, würzt sie mit einem Schuß guten Weinessig und läßt sie ein paar Stunden ziehen. Im Trentino reichen wir diese Pilze gerne als Beilage zur Carne salada (Rezepte auf Seite 76).

Gerstsuppe

Karl Unterhofer, Amadé, Bozen

Zutaten für 4 Personen:
100 g geräucherter Speck, 100 g Rollgerste, 1 3/4 l Wasser, 200 g Selchfleisch, 1 kleine Zwiebel, 1 Karotte, 1 kleines Stück Sellerie, 1 Kartoffel, 1 kleines Stück Lauch, Salz

Zubereitungszeit: 2 Stunden

Als erstes schneide ich den Speck in kleine Würfel und brate diese in einem großen Topf an. In der Zwischenzeit wasche ich die Gerste und gebe sie dann ebenfalls in den Topf. Jetzt gieße ich das Wasser auf, lege das Selchfleisch hinein und bringe die Suppe zum Kochen. Die Kochzeit für die Gerste beträgt etwa zwei Stunden. Nach eineinhalb Stunden füge ich das feingeschnittene Gemüse hinzu und lasse es die letzte halbe Stunde mitkochen. Wenn das Fleisch gar ist, nehme ich es heraus, lasse es etwas abkühlen, schneide es in mundgerechte Stücke und gebe es wieder in die Suppe. Da das Selchfleisch meist schon sehr salzig ist, genügt es, wenn man die Suppe erst zum Schluß noch etwas abschmeckt. Dann verteile ich die Suppe auf Teller und serviere sie.

Gnocc en toc
Teigklößchen mit Kartoffeln

Ada Chiesa Rappo, Trient

Zutaten für 4 Personen:
1/4 l Milch, 3 Eier, Salz, 4–5 Eßlöffel Mehl, 4 Kartoffeln
Außerdem: geräucherter Ricottakäse oder ein anderer Hartkäse und zerlassene Butter zum Garnieren

Zubereitungszeit: 60 Minuten
Ruhezeit für den Teig: 30 Minuten

Für den Teig trenne ich die Eier und verwende zunächst nur das Eigelb, das ich mit einer Prise Salz, dem Mehl und der Milch zu einem eher cremigen Teig verarbeite. Am liebsten nehme ich dafür eine Porzellanschüssel und einen Holzlöffel, denn der Teig muß gerührt und darf nicht geschlagen werden. Dann lasse ich den Teig eine gute halbe Stunde ruhen. In der Zwischenzeit schlage ich das Eiweiß zu Schnee und hebe es anschließend unter den Teig, der dadurch schön locker wird. Nun steche ich mit einem Teelöffel kleine Klößchen ab und gare sie in kochendem Salzwasser. Inzwischen koche ich auch die Kartoffeln. Sie sollten gleichzeitig mit den Gnocchi fertig sein. Wenn die Kartoffeln gar sind, schneide ich sie in mundgerechte Stückchen (»toc«). Ich richte Gnocchi und Kartoffelstückchen auf Tellern an und serviere sie mit geriebenem Käse und zerlassener Butter.

Gnocchi di patate
Kartoffelklößchen

Wanda Zani, Trattoria Novecento, Rovereto

Zutaten für 4 Personen:
500 g mehligkochende Kartoffeln, 2 Eigelb, 125 g Mehl, Salz
Außerdem: zerlassene Butter zum Servieren

Zubereitungszeit: 60 Minuten

Am besten kocht man die Kartoffeln mit der Schale weich. Dann schäle ich sie und presse sie noch heiß durch ein Kartoffeleisen. Ich füge das Eigelb, das Salz und das Mehl hinzu und verarbeite alle Zutaten zu einem gleichmäßigen Teig. Die exakte Menge des Mehls kann ich Ihnen eigentlich nicht genau sagen; sie hängt nicht zuletzt von der Größe der Eier, von der Luftfeuchtigkeit und von vielen Faktoren mehr ab. Wichtig ist nur, daß der Kartoffelteig nicht zu klebrig, aber auch nicht zu trocken gerät.
Den fertigen Teig teile ich in mehrere Portionen und forme mit den Händen Röllchen im Durchmesser eines 50-Lire-Stücks (entspricht nicht ganz der Größe eines Zwei-Mark-Stücks). Von diesen Röllchen schneide ich nun die Gnocchi ab. Damit die Gnocchi ihre typische gerillte Form bekommen, muß ich sie anschließend mit der Innenseite des Daumens über die Zinken einer Gabel abrollen. Wenn Sie beim Verarbeiten merken, daß der Teig doch noch zu feucht ist, bestäuben Sie am besten Ihre Hände mit Mehl. Die fertig geformten Gnocchi werden nun in Salzwasser gekocht. Nach zwei bis drei Minuten sind sie gar, und ich kann sie mit der Schaumkelle nach und nach herausheben. Ich serviere sie gern mit zerlassener Butter.

Graukäsesuppe

Karl Unterhofer, Amadé, Bozen

Graukäse ist eine Pustertaler Käsespezialität. Auch heute noch wird dieser sehr kräftige Käse auf vielen Almen und Bergbauernhöfen Südtirols gemacht. Er ist sehr vielseitig und dient als Grundlage für viele Gerichte. Man kann ihn beispielsweise auch einfach nur mit Zwiebeln anrichten. Seinen Namen hat der Käse von seiner Farbe: er ist tatsächlich grau.

Zutaten für 4 Personen:
3/4 l Fleischbrühe, 1/4 l Sahne, 3 Eigelb, 50 g Graukäse, Salz, Pfeffer, 1/2 Glas Weißwein, eventuell Croûtons zum Garnieren

Zubereitungszeit: 30 Minuten

Ich lasse die Fleischbrühe aufkochen und den Graukäse darin schmelzen. Dann gieße ich den Weißwein dazu und lasse alles kurz köcheln. In der Zwischenzeit verrühre ich das Eigelb mit der Sahne und gieße es ebenfalls in die Suppe. Ich nehme die Suppe vom Herd und schlage sie mit dem Mixer schaumig.
Ich serviere sie gern mit Croûtons oder mit einer Einlage, wie z.B. Schwarzbrotknödel (Rezept auf Seite 51).

Grießnockerl

Paola Obletter, Sterzing

Grießnockerl sind eine beliebte Suppeneinlage; sie können aber auch als Beilage zu Braten mit kräftigen Saucen gereicht werden.

Zutaten für 4 Personen:
2 Eier, 125 g Butter, 125 g Grieß, 1 Eßlöffel feingehackte Petersilie, 1 Prise Muskat, Salz, eventuell 1 Prise Backpulver, Fleischbrühe
Außerdem: 1 Bund Schnittlauch zum Garnieren

Zubereitungszeit: 45 Minuten
Ruhezeit für den Teig: 2 Stunden

Eigentlich sind Grießnockerl schnell gemacht. Wichtig ist nur, daß sie schön locker und nicht zu fest in der Konsistenz sind. Ich schlage deshalb die Eier und die Butter schaumig und lasse dann nach und nach den Grieß hineinrieseln. Ich rühre die feingehackte Petersilie unter, schmecke mit Salz und frisch geriebenem Muskat ab und lasse den Teig zwei Stunden ruhen. Ganz besonders locker werden die Grießnockerl, wenn man noch eine Prise Backpulver in den Teig gibt. Nach der Ruhezeit forme ich entweder mit zwei Eßlöffeln oder mit der Hand kleine längliche Klöße und gebe sie ins sprudelnde Salzwasser oder in die Fleischbrühe. Nach etwa zwanzig Minuten schalte ich die Hitze herunter und lasse die Grießnockerl noch weitere zehn Minuten ziehen, damit sie schön »aufgehen«. Vor dem Servieren bestreue ich sie mit feingeschnittenem Schnittlauch.

Hirnsuppe

Karl Unterhofer, Amadé, Bozen

Zutaten für 4 Personen:
200 g Kalbshirn, 30 g Butter, 1 kleine Zwiebel, 1 kleine Lauchstange, 1 Eßlöffel Mehl, 1 l Fleischsuppe, 1/8 l Sahne, 2 Eigelb, 1/2 Glas Weißwein, Salz, Pfeffer, eventuell frische Kräuter

Zubereitungszeit: 90 Minuten

Zunächst muß ich das Kalbshirn putzen. Dazu wässere ich es etwa 30 Minuten, dann ziehe ich das dünne Häutchen mit einem scharfen Messer ab und entferne das geronnene Blut, das noch an dem Kalbshirn haftet. Dann spüle ich es unter fließendem kaltem Wasser noch einmal gut ab und stelle es beiseite. Nun hacke ich die Zwiebel und den Lauch fein und dünste beides in einem Topf in Butter an. Ich schneide das Hirn in kleine Stücke und dünste es kurz mit. Dann bestäube ich alles mit dem Mehl und rühre es so lange um, bis es eine bräunliche Farbe angenommen hat.
Jetzt gieße ich die heiße Fleischbrühe auf und lasse alles etwa eine halbe Stunde leise köcheln. Nun streiche ich die Suppe durch ein Sieb, verrühre die Sahne mit dem Eigelb und binde damit die Suppe. Ich schmecke sie mit ein paar Spritzern Weißwein, Salz und Pfeffer ab.
Ich gebe vor dem Servieren gern noch ein paar frische Kräuter über die Suppe, die ihr einen angenehmen Hauch von Frische verleihen.

Insalata di funghi porcini
Steinpilzsalat
Wanda Zani, Trattoria Novecento, Rovereto

Zutaten für 4 Personen:
400 g Steinpilze, 4 Eßlöffel Olivenöl, der Saft einer Zitrone, Salz, Pfeffer
Außerdem: Granakäse aus dem Trentino (ersatzweise Parmesan) zum Garnieren

Zubereitungszeit: 30 Minuten

Damit der Salat schön knackig wird, sollten die Steinpilze schön fest und nicht zu groß sein. Ich putze die Pilze mit einem scharfen Küchenmesser und reibe sie mit einem Küchentuch ab. Dann schneide ich sie in hauchdünne Scheiben, gebe sie in eine Schüssel und mache sie mit dem Olivenöl, dem Zitronensaft, Salz und Pfeffer an. Vor dem Servieren bestreue ich den Salat mit Käsestückchen. Der parmesanähnliche Grana aus dem Trentino eignet sich dazu besonders gut, weil man mit dem Messer schöne »Späne« abhobeln kann. Der Käse sollte auf jeden Fall in Stücken, nicht gerieben über die Pilze verteilt werden.

Für diesen Salat verwende ich am liebsten das Olivenöl vom nahen Gardasee, denn es ist besonders zart im Geschmack. Die kräftigen Olivenöle aus Süditalien würden das feine Steinpilzaroma übertönen.

Kaiserprofesen

Louis Agostini, Kaiserkron, Bozen

Zutaten für 4 Personen:
125 g Kalbshirn, 200 g Pilze (vorzugsweise Steinpilze), 1 kleine Stange Sellerie, 2 Schalotten, 1 Ei, 1 Eßlöffel geriebener Käse, 1 Eßlöffel Semmelbrösel, 3 Eßlöffel Öl, Salz, Pfeffer, 1 Teelöffel gehackte Petersilie, 1 Teelöffel Mehl, ein paar Majoranblättchen
Außerdem: 4 Semmeln, in dünne Scheiben geschnitten
Zum Backen: 1/4 l Milch, 100 g Mehl, 3 Eier, Öl

Zubereitungszeit: 90 Minuten

Zunächst hacke ich alle Gemüsesorten fein und stelle sie beiseite. Dann putze ich die Pilze mit einem scharfen Messer und hacke sie ebenfalls fein. Das Hirn muß ich wässern, dann entferne ich mit einem scharfen Küchenmesser die Haut und die Blutgerinnsel, spüle es noch einmal kurz unter fließendem kaltem Wasser und schneide es klein. Jetzt dünste ich die feingehackten Schalotten und den Sellerie in etwas Öl an. Die Pilze dünste ich trocken, gebe das Hirn dazu und lasse es langsam garen. Ich nehme die Pfanne vom Herd und rühre das verquirlte Ei unter. Nun gebe ich auch die restlichen Zutaten dazu und schmecke alles mit Salz und Pfeffer ab. Mit dieser Masse bestreiche ich großzügig die eine Hälfte der Brotscheiben. Mit der anderen Hälfte decke ich die Profesen zu.
Zum Panieren tränke ich die Profesen in Milch, dann wende ich sie im Mehl und tauche sie schließlich in die drei verquirlten Eier. Dann muß ich sie sofort in heißem Öl backen. Wenn sie goldbraun sind, nehme ich sie aus der Pfanne, lasse sie kurz auf Küchenkrepp abtropfen und serviere sie. Ich reiche gerne bunte Blattsalate dazu.

Kaiserschöberlsuppe

Paula Federa, St. Ulrich

Mit den Kaiserschöberln präsentiert Paula einen weiteren Klassiker der Habsburger Küche. In der Tat weist bereits der Name auf die edle Herkunft hin. Den „kaiserlichen" Zusatz verlieh man den Gerichten, die mit besonders reichhaltigen Zutaten zubereitet werden, oder verfeinerten Abwandlungen von einfachen Grundrezepten (siehe beispielsweise die Kaiserprofesen auf der vorhergehenden Seite).

Zutaten für 6–8 Personen:
250 g Butter, 12 Eier, 250 g Mehl, 200 ml Milch, Salz
Außerdem: Brühe

Zubereitungszeit: 45 Minuten

Damit der Teig für die Kaiserschöberl besonders locker wird, trenne ich die Eier und schlage das Eiklar zu Schnee. Die Dotter verrühre ich einen nach dem anderen mit der Butter, dann füge ich nach und nach das gesiebte Mehl und die Milch dazu. Zum Schluß hebe ich noch den Eischnee unter und verrühre alles zu einem gleichmäßigen Teig. Ich salze ihn noch ein wenig und gare ihn dann langsam.
Dann schneide ich die mundgerechten Schöberl zurecht, verteile sie auf Suppenteller und gieße heiße Brühe darüber.

Kartoffelteigtaschen

Louis Agostini, Kaiserkron, Bozen

Zutaten für 4 Personen:
Für den Teig: 500 g gekochte Kartoffeln, 2 Eigelb, Salz, Pfeffer, Muskatnuß
Für die Füllung: 100 g Hühnerleber, 100 g Steinpilze, 1 große Schalotte, 25 g Butter, 80 g geriebener Käse, 1 Eigelb, 3 Eßlöffel Sahne, Salz, Pfeffer
Außerdem: etwas Mehl, etwas Eigelb für die Teigtaschen, etwas geriebener Käse und Butter zum Servieren

Zubereitungszeit: 90 Minuten

Die Kartoffeln werden geschält und in Salzwasser gekocht. Wenn sie weich genug sind, püriere ich sie mit der Küchenmaschine, füge das Eigelb dazu und vermenge beides zu einem gleichmäßigen Teig. Abschließend würze ich mit Salz, Pfeffer und geriebener Muskatnuß. Dann lasse ich den Teig etwa eine halbe Stunde abgedeckt ruhen.
In der Zwischenzeit bereite ich die Füllung zu. Ich säubere die Hühnerleber. Dann putze ich mit einem scharfen Küchenmesser die Steinpilze und schneide sie in kleine Würfel. Die Schalotte wird feingehackt und in Butter angedünstet. Sobald sie goldgelb ist, gebe ich die Hühnerleber und die Steinpilze dazu und brate sie fünf Minuten mit. Dann nehme ich sie vom Herd, würze mit Salz und Pfeffer und hacke die ganze Mischung fein. Nun rühre ich die Sahne, das Eigelb und den Käse unter, vermenge alles und stelle die Füllung kalt, während ich den Teig weiterverarbeite.
Ich rolle den Kartoffelteig möglichst fein aus (etwa 1/2 Zentimeter); das geht leichter, wenn ich die Arbeitsfläche mit etwas Mehl bestäube. Mit einem Wasserglas oder einer Keksform von etwa 8 cm Durchmesser steche ich aus dem Teig Kreise aus. Ich bestreiche sie mit etwas Eigelb und setze auf jeden Kreis etwa einen halben Eßlöffel von der Füllung. Dann klappe ich die Kreise zu einem Halbmond zusammen und drücke sie an den Rändern gut fest.
Ich koche die Teigtaschen in Salzwasser, hebe sie mit der Schaumkelle heraus, lasse sie gut abtropfen und serviere sie.

Kasnocken

Peter Zorzi, Marionstube, Welschnofen

Nocken in den verschiedensten Versionen stellen einen Großteil der Südtiroler Vorspeisen. In der Regel veranschlagt man – je nach Größe – 3–4 Nocken bzw. Klößchen pro Portion. Sie können auch verschiedene Nocken vorbereiten und beispielsweise ein Käseklößchen, ein Pilzklößchen (Rezept auf Seite 41) und ein Spinatklößchen (Rezept auf Seite 56) zu einem interessanten Gericht kombinieren.

Zutaten für 4 Personen:
500 g Knödelbrot oder Weißbrot vom Vortag,
1/4 l lauwarme Milch, 1 Zwiebel, 1 Eßlöffel Öl, 3 Eier,
1 Handvoll Petersilie, 1 Bund Schnittlauch, 300 g Käse
(vorzugsweise Graukäse), Salz, eventuell etwas
Semmelbrösel oder Mehl
Außerdem: zerlassene Butter zum Servieren

Zubereitungszeit: 60 Minuten

Wenn ich bereits fertiges Knödelbrot habe, übergieße ich es mit der lauwarmen Milch und lasse es etwas einweichen. Weißbrot schneide ich vorher in dünne Scheiben. In der Zwischenzeit hacke ich die Zwiebel fein und dünste sie im Öl an. Dann nehme ich das Brot aus der Milch, drücke es gut aus, damit es nicht zu feucht ist, und vermenge es mit der gedünsteten Zwiebel und den Eiern. Ich hacke die Kräuter fein und arbeite sie in den Knödelteig ein. Wenn der Teig immer noch zu feucht sein sollte, streue ich etwas Semmelbrösel oder Mehl darüber. Ich schneide den Käse in kleine Würfel und stelle ihn beiseite. Mit den Händen forme ich nun aus dem Teig längliche Nocken und fülle jede mit ein paar Käsewürfelchen. Ich gare die Nocken in Salzwasser und serviere sie mit zerlassener Butter.

Krauttirtlen

Ulli Mair, Pretzhof, Tulfer

Mit »Tirtlen« bezeichnet man gefüllte und ausgebackene Teigtäschchen. Sie stammen ursprünglich aus dem Pustertal. Inzwischen sind sie aber so beliebt, daß man sie auch in anderen Teilen Südtirols ins Küchenrepertoire aufgenommen hat.

Zutaten für 4 Personen:
Für den Teig: 300 g Roggenmehl, 1 Eßlöffel Öl, knapp 1/4 l Wasser, Salz
Für die Füllung: 250 g Sauerkraut, 1 kleine Zwiebel, etwas Butter, 1 kleine Kartoffel, Salz, Pfeffer, eventuell etwas Mehl
Außerdem: Öl zum Ausbacken

Zubereitungszeit: 2 Stunden

Aus Mehl, Öl, Salz und lauwarmem Wasser (1/4 Liter ist gut berechnet, meist reicht etwas weniger) knete ich einen Nudelteig. Wenn er schön glatt ist, forme ich daraus eine armdicke Rolle. Nach und nach schneide ich von dieser Rolle Scheiben von einem guten Zentimeter Stärke ab. Die Scheiben forme ich zu Laibchen, die ich anschließend möglichst dünn und kreisrund ausrolle. Nun setze ich die Füllung darauf, die ich meistens schon vorrätig habe.
Wenn Sie das Sauerkraut frisch kochen, dünsten Sie die kleine Zwiebel für den Geschmack vorher kurz in Butter an und geben eine kleine, in Würfel geschnittene Kartoffel dazu. Durch die Kartoffel wird das Kraut schön sämig. Die Füllung darf auf keinen Fall zu naß sein. Lassen Sie das Kraut gut abtropfen und bestäuben Sie es gegebenenfalls mit etwas Mehl.
Nun setze ich auf jeweils eine Teigscheibe eine kleine Portion von der Füllung. Ich decke sie mit einer zweiten Teigscheibe zu und drücke sie an den Rändern gut zusammen. Die fertigen Teigtäschchen werden im Öl schwimmend ausgebacken, bis sie goldbraun und knusprig sind.

Leberknödel

Paola Obletter, Sterzing

Am besten, so behaupten jedenfalls eingefleischte Leberknödelfans, schmecken Leberknödel aus Pferdeleber. Sie ist in der Regel jedoch nur in speziellen Pferdemetzgereien zu bekommen. Sie können die Knödel ebensogut mit Schweine- oder Rindsleber zubereiten. Leberknödel werden meist als Suppeneinlage gegessen. Aber auch als würzige Beilage, beispielsweise zum Sauerkraut, schmecken sie ausgezeichnet.

Zutaten für 6 Personen:
300 g Weißbrot vom Vortag, 1 Tasse Milch,
200 g Leber, 100 g grüner Speck, 1–2 Eier, 1 Schalotte,
1 nußgroßes Stück Butter, Salz, Pfeffer, ein paar frische Majoranblättchen, 1 Eßlöffel feingehackte Petersilie
Außerdem: 1 Bund Schnittlauch zum Garnieren

Zubereitungszeit: 75 Minuten

Zunächst schneide ich das Weißbrot in feine Scheiben und weiche diese in der Milch ein. In der Zwischenzeit drehe ich die Leber und den ungeräucherten Speck durch den Fleischwolf. Wenn Sie die etwas blutrünstige Angelegenheit scheuen, kaufen Sie beim Metzger am besten bereits durchgedrehte Leber. Ich vermenge die Lebermasse mit dem eingeweichten Brot, schlage die Eier hinein und verrühre alles zu einem gleichmäßigen Teig. Jetzt hacke ich die Schalotte ganz fein und dünste sie in der Butter goldgelb. Ich gebe sie zusammen mit den Kräutern in die Lebermasse und schmecke mit Salz und Pfeffer ab. Ich lasse den Teig etwa eine halbe Stunde ruhen und forme dann mit den Händen die Knödel. Ich koche sie knappe zwanzig Minuten in Salzwasser. Vor dem Servieren bestreue ich sie mit feingehacktem Schnittlauch.

Milzschnittensuppe

Paula Federa, St. Ulrich

Zutaten für 6 Personen:
1 Kalbsmilz, 2 Eier, 50 g Butter, die abgeriebene Schale einer Zitrone, Muskat, Pfeffer, Salz, 200 g Weißbrot, 1 1/2 l Fleischbrühe
Außerdem: Öl zum Braten, Schnittlauch zum Garnieren

Zubereitungszeit: 60 Minuten

Zunächst muß ich die Milz vorbereiten: Dazu klopfe ich sie weich, schneide sie in der Mitte durch, schabe sie mit einem Löffel aus und stelle sie kurz beiseite. Bei einem gut sortierten Metzger können Sie – zumindest in Süddeutschland – auch schon küchenfertige Milz kaufen.
Ich trenne die Eier und rühre Butter und Eigelb schaumig. In diese Masse gebe ich die Milz sowie die abgeriebene Zitronenschale und schmecke alles mit Muskat, Salz und Pfeffer ab. Jetzt schlage ich noch das Eiklar zu Schnee und ziehe diesen vorsichtig unter. Die Milzcreme streiche ich nun großzügig auf die Weißbrotscheiben, die ich anschließend in mundgerechte Stücke zurechtschneide. Dann erhitze ich Öl in einer Pfanne und brate die Milzschnitten. Wenn sie goldgelb sind, verteile ich sie auf Suppenteller und übergieße sie mit kochendheißer Brühe. Vor dem Servieren bestreue ich sie mit feingeschnittenem Schnittlauch.

Mosa
Milchbrei
Ada Chiesa Rappo, Trient

Am besten gelingt die Mosa in einem Kupferkessel. Der wurde früher dann einfach in die Mitte des Tisches gestellt, und die einzelnen Mitglieder der Bauernfamilie stachen sich mit einem Holzlöffel ihre Portionen ab.

Zutaten für 4 Personen:
1 l Milch, 1 Prise Salz, je 2 Handvoll Mais- und Weizenmehl
Außerdem: etwas Butter

Zubereitungszeit: 45 Minuten

Ich gieße die Milch in einen großen Topf, salze sie ein wenig und bringe sie langsam zum Kochen. (Aufpassen, daß sie nicht überkocht!) In der Zwischenzeit verrühre ich in einer Schüssel die beiden Mehlsorten. Wenn die Milch kocht, nehme ich sie vom Herd und rühre mit dem Schneebesen die Mehlmischung ein. Jetzt setze ich den Topf wieder auf den Herd und koche die Masse unter ständigem Rühren so lange, bis sie eine breiige Konsistenz erhält.
Vor dem Servieren setze ich auf jede Portion ein Flöckchen Butter.

Orzo mantecato con speck
Rollgerste mit Speck

Piero Paoletti, Albergo Accademia, Trient

Dieses Rezept vereint gleich mehrere kulinarische Traditionen: Zum einen wird im Trentino sehr viel Gerste gegessen. Meist kennt man sie jedoch als Gersten- oder Gerstsuppe, wie sie in Südtirol genannt wird. Zum anderen spürt man in manchen Gegenden des Trentino bereits den Einfluß Venetiens auf die Küche, was sich in den verschiedenen Risotti zeigt, die auch hier üblich sind. Piero zeigt Ihnen nun, wie man Rollgerste wie ein Risotto zubereiten kann.

Zutaten für 4 Personen:
150 g Rollgerste, 1 kleine Zwiebel, 30 g Butter, 1 dicke Scheibe Speck (gemeint ist hier nicht Bauchspeck, sondern luftgetrockneter Schinkenspeck), etwas Weißwein, Salz, Pfeffer, 1 Handvoll Spinatspitzen oder gehackte Petersilie
Außerdem: geriebener Käse zum Bestreuen

Zubereitungszeit: 2 1/2 Stunden

Erschrecken Sie nicht, wenn Sie die lange Zubereitungszeit lesen. Sie müssen keineswegs ununterbrochen zweieinhalb Stunden am Herd stehen. Zwei Stunden dauert es, die Gerste für dieses Rezept in Salzwasser vorzukochen.
Kurz bevor die Gerste gar ist, beginne ich mit der Vorbereitung des »Gerstenrisottos«. Dazu hacke ich die Zwiebel ganz fein und dünste sie in einem Topf in der Butter an. Dann schneide ich die Speckscheibe in kleine Würfel und dünste sie ein wenig mit. Wenn die Gerste gar, aber noch nicht ganz weich ist, gieße ich sie ab, gebe sie in den Topf und dünste sie ebenfalls mit. Dabei rühre ich ständig um, damit sich Gerste und Speckwürfel gleichmäßig vermengen. Nun aromatisiere ich die Gerste mit ein paar Spritzern Weißwein, würze gegebenfalls mit Salz und Pfeffer nach (der Speck ist meistens schon recht salzig). Die Spinatspitzen bzw. Petersilie rühre ich erst zum Schluß unter, damit sie schön knackig bleiben. Vor dem Servieren bestreue ich die Portionen mit geriebenem Käse.

Pilznockerl

Peter Zorzi, Marionstube, Welschnofen

Zutaten für 6 Personen:
500 g Knödelbrot oder feingeschnittenes Weißbrot vom Vortag, 1/4 l lauwarme Milch, 300 g Pilze (vorzugsweise Steinpilze), 50 g Butter, 1 Zwiebel, 3 Eier, 1 Handvoll Petersilie, 1 Bund Schnittlauch, eventuell 1 Eßlöffel Mehl
Außerdem: Butter und geriebener Käse zum Garnieren

Zubereitungszeit: 60 Minuten

Zunächst weiche ich das Brot in der lauwarmen Milch ein. In der Zwischenzeit putze ich die Pilze mit einem scharfen Messer, schneide sie fein und dünste sie zusammen mit der feingehackten Zwiebel in der Butter. (Sie können auch getrocknete Pilze verwenden; davon benötigen Sie knapp 100 Gramm; diese Pilze vor dem Verarbeiten einweichen!)
Nun nehme ich das Brot aus der Milch und drücke es gut aus. Ich rühre die gedünsteten Pilze und die Zwiebel unter, knete die Eier sowie die feingehackten Kräuter hinein und lasse den Teig etwa 10 Minuten ruhen. Falls er zu feucht sein sollte, streue ich noch etwas Mehl darüber. Dann forme ich die Nocken aus und koche sie eine Viertelstunde im Salzwasser. Sobald sie an die Oberfläche kommen, hebe ich sie mit der Schaumkelle heraus und richte sie auf Tellern mit etwas zerlassener Butter und geriebenem Käse an.
Die Pilznockerl schmecken auch ausgezeichnet als Suppeneinlage.

Riso e latte
Milchreis

Ada Chiesa Rappo, Trient

Im Gegensatz zu dem weitverbreiteten süßen Milchreis kennt man im Trentino eine salzige Version. Sie ist eine geglückte Kombination zwischen Risotto und Fastenspeise. Die stark religiös geprägte Gegend hatte zahlreiche Fastentage zu beachten, an denen man kein Fleisch zu sich nehmen durfte. Riso e latte hatte den Vorteil, daß man ohne Fleischbrühe auskam, die Milch aber doch etwas gehaltvoller war als Wasser.

Zutaten für 4 Personen:
1/2 l Milch, 1/2 l Wasser, 1 Prise Salz, 3–4 Handvoll Reis, Butter nach Belieben

Zubereitungszeit: 30 Minuten

Ich bringe Milch und Wasser in einem großen Topf zum Kochen. Dann gebe ich den Reis hinein, salze und lasse das Ganze bei kleiner Flamme etwa eine Viertelstunde kochen. Wenn der Reis gar ist, gieße ich ihn ab und verteile ihn auf Teller. Auf jede Portion setze ich ein Butterflöckchen.

Selbstverständlich eignet sich dieses einfache Grundrezept für jede Menge Variationen. Sie können das Reisgericht zum Beispiel mit in Butter gebratenen Pilzen garnieren oder mit ausgebratenem Wurstbrät bestreuen.

Risotto con bruscandoli
Risotto mit Hopfenspitzen
Wanda Zani, Trattoria Novecento, Rovereto

Zutaten für 4 Personen:
350 g Risotto-Reis (Sorte Arborio), 1 kleine Zwiebel, 2 Eßlöffel Olivenöl extravergine, 4 dünne Scheiben Bauchspeck, 60 g Hopfenspitzen, 40 g Butter, 3/4 l Brühe
Außerdem: Butter und geriebener Käse zum Servieren

Zubereitungszeit: 45 Minuten

Zwiebel und Speckscheiben schneide ich sehr fein und glase beides in Olivenöl an. Ich gebe die Hopfenspitzen dazu und dünste sie ein paar Minuten mit, bevor ich auch den Reis einstreue. Ich röste den Reis in der Buttermischung an, dann gieße ich eine Kelle voll Brühe an und lasse die Flüssigkeit einkochen. Dann gieße ich wieder Brühe an, lasse sie einkochen und fahre damit so lange fort, bis der Reis gar ist. Mit einem Holzlöffel arbeite ich zum Schluß Butter und den geriebenen Käse ein und verteile das Risotto anschließend auf Teller.

Das Rezept läßt sich anstatt mit Hopfenspitzen auch mit grünen Spargelspitzen zubereiten, die in der Konsistenz ähnlich sind.

Risotto con funghi
Risotto mit Pilzen
Wanda Zani, Trattoria Novecento, Rovereto

Im Spätsommer und Herbst, wenn es in den Wäldern der Umgebung Pilze gibt, ist die beste Zeit für ein Risotto mit Steinpilzen. Sie können für dieses Rezept aber auch sehr gut getrocknete Pilze verwenden.

Zutaten für 4 Personen:
350 g Risotto-Reis (Sorte Arborio), 1 Zwiebel, 50 g Butter,
150 g frische oder 50 g getrocknete Steinpilze,
1 Schuß trockener Weißwein, 3/4 l Brühe, Salz Pfeffer
Außerdem: etwas geriebener Käse und gehackte Petersilie zum Bestreuen

Zubereitungszeit: 60 Minuten

Wenn ich getrocknete Pilze verwende, muß ich sie etwa 45 Minuten in Wasser einweichen, bevor ich sie verwenden kann. Die frischen Steinpilze putze ich mit einem scharfen Messer, reibe sie gegebenenfalls mit einem Tuch ab und schneide sie in feine Scheiben. Dann hacke ich die Zwiebel fein und glase sie in einem Topf in der Butter an. Nach ein paar Minuten gebe ich die Pilze dazu und dünste sie nur ein wenig vor. Nun kommt der Reis in den Topf. Ich verrühre ihn mit der Zwiebel und den Pilzen und dünste ihn dabei in der Butter an. Nach ein paar Minuten gieße ich den Weißwein an und lasse ihn einkochen. Jetzt gieße ich eine Kelle voll Brühe dazu und lasse alles aufkochen. (Das geht schneller und einfacher, wenn die Brühe bereits warm ist.) Wenn die Brühe verdunstet ist, gebe ich wieder eine Kelle davon über den Reis und wiederhole den Vorgang, bis der Reis gar ist. Die exakte Menge Brühe hängt jedoch davon ab, wie stark man das Risotto kochen läßt. 1/2 bis 3/4 Liter sind aber stets ausreichend.
Ich verteile das Risotto auf Teller, bestreue es mit geriebenem Käse und lasse diesen etwas einziehen, bevor ich das Risotto auch mit der Petersilie bestreue und serviere.

Sauerkrautsuppe

Ulli Mair, Pretzhof, Tulfer

Sauerkraut stellte lange Zeit die einzige Vitaminversorgung in den langen Wintermonaten dar. Im Herbst fand auf den Bergbauernhöfen Südtirols traditionsgemäß das sehr arbeitsaufwendige Einstoßen statt. Mein Mann und ich stoßen auch jetzt noch jeden Herbst Kraut aus dem eigenen Anbau ein und nutzen die Vorräte den ganzen Winter über. Dafür schneiden wir die Krautköpfe mit einem speziellen Krauthobel fein, füllen das Kraut in Krautfässer, salzen es, decken es mit einem Holzbrett ab und beschweren es mit einem Stein, damit die Flüssigkeit austritt. Dann beginnt das Kraut zu gären und wird zu Sauerkraut. Je länger man das Kraut liegen läßt, um so säuerlicher wird es.
Ganz wichtig ist dabei, daß das Kraut nicht naß ist. Der Bauernkalender kennt dafür natürlich auch seine Regeln, und so ist es zum Beispiel ein ungeschriebenes Gesetz, daß man das Kraut nicht einstoßen darf, wenn gerade ein Wasserzeichen Sternzeichen ist.

Zutaten für 4 Personen:
250 g Sauerkraut, 35 + 20 g Butter, ein Schuß Essig,
1 l Brühe, 1 faustgroße Kartoffel, 1 Zwiebel, Salz, Pfeffer

Zubereitungszeit: 45 Minuten

Ich röste das Kraut in 35 Gramm zerlassener Butter ab. Wenn es sehr mild ist, lösche ich das Kraut mit einem Spritzer Essig ab. Ist es bereits sehr sauer, wässere ich es vor der Zubereitung. Dann gieße ich die Suppe auf und bringe sie zum Kochen. In der Zwischenzeit schäle ich die Kartoffel, schneide sie in Würfel und gebe sie in die Brühe. Sie verleiht der Suppe eine schön sämige Konsistenz. Ich hacke die Zwiebel fein, dünste sie in einer kleinen Pfanne in der restlichen Butter an und gebe sie erst dann in die Suppe. Sie ist fertig, wenn die Kartoffelstückchen weich sind. Dann zerkleinere ich kurz mit dem Pürierstab das Kraut ein wenig. Sie können die Suppe aber auch ganz pürieren und dann servieren.

Saure Suppe Bozner Art

Karl Unterhofer, Amadé, Bozen

Zutaten für 4 Personen:
600 g Kutteln, 3 Eßlöffel Öl, 2 Eßlöffel Mehl, 1 l Fleischbrühe, 1 kleine Zwiebel, 2 Gewürznelken, 2 Lorbeerblätter, 1 unbehandelte Zitronenschale, 1 Knoblauchzehe, Weinessig, Salz, Pfeffer

Zubereitungszeit: 2 1/2 Stunden

Das Säubern und Vorkochen der Kutteln ist eine zeitraubende Angelegenheit. Man muß sie sorgfältig waschen, mit Zitronensaft und Essig abreiben und dann gut eine Stunde lang vorkochen. Am liebsten kaufe ich deshalb beim Metzger bereits küchenfertige Kutteln.
Für die Saure Suppe erhitze ich Öl in einem Topf, siebe das Mehl hinein und lasse es unter Rühren hellbraun werden. Dann gieße ich die Brühe an und rühre dabei ständig weiter, damit das Mehl keine Klümpchen bildet. Früher hat man meistens mit Wasser gekocht, eine Fleischbrühe macht die Suppe aber ungleich würziger. In einer kleinen Pfanne glase ich dann die feingehackte Zwiebel und die Knoblauchzehe an und gebe sie zusammen mit den Gewürznelken, den Lorbeerblättern und der Zitronenschale in die Brühe. Das Ganze lasse ich jetzt zusammen noch einmal gut durchkochen, bis die Kutteln wirklich auf der Zunge zergehen. Abschließend schmecke ich die Suppe mit Salz, Essig und Pfeffer ab.

Saure Suppe Pustertaler Art

Rosa Schmieder, Innichen

Zutaten für 8 Personen:
1 kg Kutteln, 1 Zwiebel, 40 g Butter, 4 Eßlöffel Mehl, 2 Knoblauchzehen, 2 Gewürzgurken, 1 Eßlöffel Kapern, die abgeriebene Schale einer Zitrone, Salz, Pfeffer, Rosenpaprika, 1 Eßlöffel Tomatenmark, 3 Lorbeerblätter

Zubereitungszeit: 60 Minuten

Ich schneide die küchenfertig vorbereiteten, d.h. gewaschenen und vorgekochten Kutteln in feine Streifen und stelle sie kurz beiseite. Dann hacke ich die Zwiebel fein und glase sie in einem großen Suppentopf in der Butter an. Dann überstäube ich sie mit Mehl, so daß eine schöne Einbrenne entsteht. Je nach Geschmack können Sie sie heller oder dunkler bräunen lassen. Diese Mischung gieße ich mit vier Liter Wasser auf und bringe sie zum Kochen. In der Zwischenzeit hacke ich Knoblauch, Gurken und Kapern fein, vermenge sie mit der abgeriebenen Zitronenschale und würze sie mit Salz, Pfeffer, Paprika und dem Tomatenmark (ich verrühre es vorher meist mit etwas lauwarmem Wasser, damit es geschmeidiger wird). Dann gebe ich diese Würzmischung mit den Kutteln und drei Lorbeerblättern in die Suppe und lasse sie etwa 45 Minuten kochen.

Schlutzkrapfen

Oswald Wurzer, Gasthof Lilie, Sterzing

Das Eisacktal war aufgrund seiner geographischen Lage schon immer ein Durchgangsland. So sind auch in seiner Küche die verschiedensten Einflüsse zu spüren. Die Schlutzkrapfen oder Schlutzer, wie sie auch oft genannt werden, erinnern in ihrer Zubereitung stark an italienische Ravioli.

Zutaten für 4 Personen:
Für den Teig: 250 g Roggenmehl, 250 g Weizenmehl (Sie können auch 400 g Roggen- und 100 g Weizenmehl nehmen), 2 Eier, 3 Eßlöffel Öl, Salz, lauwarmes Wasser
Für die Füllung: 750 g Blattspinat, 1 Zwiebel, 1 Knoblauchzehe, Butter, Mehl, Milch, Muskat, Salz, Pfeffer
Außerdem: geriebener Käse und zerlassene Butter zum Servieren

Zubereitungszeit: 70 Minuten

Ich häufe das Mehl auf eine Arbeitsfläche, forme in der Mitte eine kraterförmige Vertiefung und gebe die Eier hinein. Ich verknete beides langsam unter der Zugabe von Salz, Öl und Wasser zu einem geschmeidigen Teig, den ich beiseite stelle und etwas ruhen lasse.
In der Zwischenzeit kann ich die Füllung zubereiten. Dazu wasche und verlese ich den Spinat, gebe ihn nur mit dem Wasser, das vom Waschen noch an den Blättern haftet, in einen Topf und lasse ihn zusammenfallen. Wenn er gar ist, hacke ich ihn mit dem Pürierstab fein. Ich hacke die Zwiebel und den Knoblauch klein und glase sie in einer Pfanne mit etwas Butter an. Dann mache ich eine Mehlschwitze, d.h. ich stäube ein wenig Mehl über die Butter, den Knoblauch und die Zwiebel, rühre kräftig um, damit sich das Mehl nicht anlegt, und gieße schließlich etwas Milch an und mische das Ganze dann unter den Spinat. Ich schmecke die Füllung mit Salz, Pfeffer und geriebener Muskatnuß ab.

Nun rolle ich den Teig möglichst dünn aus und steche mit einem Wasserglas kreisrunde Blätter aus. Mit einem Teelöffel steche ich kleine Portionen von der Füllmasse ab und setze sie auf die Teigblätter. Dann klappe ich die Blätter zusammen und drücke sie an den Rändern gut fest, so daß kleine Teigtäschchen entstehen. Diese koche ich knapp zehn Minuten in Salzwasser gar und hebe sie anschließend mit der Schaumkelle heraus (nicht wie Nudeln abgießen, denn dann können die Schlutzer kaputtgehen). Das Wasser sollte auch nicht zu wild sprudeln, damit die Täschchen nicht platzen und die Füllung austritt.
Ich serviere sie mit geriebenem Käse und zerlassener Butter.

Schüttelbrot

Ulli Mair, Pretzhof, Tulfer

Zu einer richtigen Südtiroler Brotzeit mit Speck und Käse gehört Schüttelbrot. Heute kann man es fast überall kaufen, früher wurde es auf den Höfen selbst hergestellt. Die ganze Familie war dann auf den Beinen, denn das Brot wurde nur einmal im Jahr auf Vorrat gebacken. Zum Aufbewahren stellte man es dann in ein gitterartiges Gestell aus Weidengeflecht, den sogenannten Brotrahmen, wo es trocken und luftig lagern konnte und lange haltbar blieb.

Zutaten für 4 Personen:
1 kg Roggenmehl, 250 g Weizenmehl, 30 g Hefe, lauwarmes Wasser, Brotklee, Fenchelsamen, Salz

Zubereitungszeit: 2 Stunden

Hier zeige ich Ihnen, wie Sie Schüttelbrot auch ohne echten Sauerteig mit relativ wenig Zeitaufwand herstellen können: Ich vermenge die beiden Mehlsorten, gebe sie in eine Schüssel und forme in der Mitte eine Vertiefung. Ich löse die Hefe in dem lauwarmen Wasser auf und gieße sie dann ins Mehl, häufe ein wenig Mehl darüber und lasse die Hefe an einem warmen Ort gehen. Nach einer halben Stunde verknete ich Mehl und Hefe zu einem gleichmäßigen Teig, arbeite die Gewürze ein und lasse den Teig nochmals eine halbe Stunde gehen. Dann trenne ich von der Teigmasse etwa tennisballgroße Portionen ab, die später die einzelnen Brote ergeben. Diese Brotportionen werden zunächst ausgerollt und anschließend »geschüttelt«, das heißt hochgehoben und zwischen den Händen hin- und hergewirbelt, so daß sie ihre typische Fladenform erhalten. Dies erfordert eine gewisse Fingerfertigkeit, die Sie jedoch schon nach ein wenig Übung erlangen werden. Die einzelnen Brotfladen gebe ich nun auf ein Blech und backe sie im heißen Backofen.

Schwarzbrotknödel

Karl Unterhofer, Amadé, Bozen

Die Schwarzbrotknödel eignen sich sehr gut als Beilage zu Braten mit Saucen, sind aber auch eine schmackhafte Einlage für Suppen. Ich serviere sie gerne in der Graukäsesuppe (Rezept Seite 28).

Zutaten für 4 Personen:
100 g Schwarzbrot, 1/8 l Milch, 1 kleine Zwiebel,
100 g Butter, 30 g Mehl, 1 Ei, Salz
Außerdem: Schnittlauch zum Bestreuen

Zubereitungszeit: 40 Minuten

Während ich die Milch erhitze, schneide ich das Schwarzbrot in kleine Würfel und übergieße diese anschließend mit der kochendheißen Milch. Darin lasse ich die Würfel einweichen. In der Zwischenzeit hacke ich die Zwiebel fein und glase sie in der Butter an. Dann gebe ich sie zusammen mit dem Mehl und dem Ei zum gut durchweichten Brot. Ich vermenge alle Zutaten zu einer gleichmäßigen Masse und schmecke sie ab. Aus dem Teig forme ich nun kleine Knödel und lasse sie im Salzwasser eher ziehen als kochen. Denn wenn das Wasser zu stark sprudelt, würden sich die Knödel auflösen. Nach zehn Minuten sind die Knödel gar. Ich hebe sie mit der Schaumkelle heraus und verteile sie auf die einzelnen Teller. Ich übergieße sie mit (Graukäse-) Suppe. Vor dem Servieren bestreue ich sie mit feingeschnittenem Schnittlauch.

Schwarzplentenknödel

Karl Unterhofer, Amadé, Bozen

Buchweizenmehl, auch Heiden- oder Schwarzplentenmehl genannt, wird in der Küche des Trentino und Südtirols besonders häufig verwendet. Bevor widerstandsfähige Weizensorten gezüchtet wurden, war Buchweizen die einzige Getreideart, die dem rauhen Bergklima in größeren Höhen standhielt. Entsprechend zahlreich sind Buchweizenzubereitungen auch in der traditionellen Küche anderer Bergregionen, wie beispielsweise des Veltlins.

Zutaten für 4 Personen:
200 g Weißbrot, 1 dicke Scheibe Räucherspeck, 40 g Butter, je 1 Handvoll gehackte Petersilie und Schnittlauch, 2 Eier, 12 Eßlöffel Buchweizenmehl, 2 Eßlöffel Weizenmehl, knapp 1/4 l Wasser, Salz

Zubereitungszeit: 45 Minuten

Ich schneide das Brot und den Speck in kleine Würfel und röste sie zusammen mit der Butter in einer Pfanne an. Anschließend gebe ich sie in eine Schüssel und vermenge sie mit den feingehackten Kräutern, den beiden Eiern und den beiden Mehlsorten zu einem gleichmäßigen Teig. Je nachdem, wie trocken oder feucht der Teig ausfällt (das hängt nicht zuletzt von der Größe der Eier und von der Luftfeuchtigkeit ab), gebe ich noch von dem Wasser dazu, damit der Teig schön geschmeidig und nicht zu fest wird. Daraus forme ich nun die Knödel und lasse sie in Salzwasser leise kochen. Sie schmecken sehr gut zu Kraut oder zu Gulasch (Rezept Seite 87).

Schwarzplentenspätzle

Karl Unterhofer, Amadé, Bozen

»Friegele« nennt man diese Art von Spätzle in Südtirol, weil sie mit den Händen zu Kügelchen verknetet und nicht durch ein Sieb gestrichen werden. »Frigolotti« heißen Sie im Trentino (siehe auch die Torta di frigolotti, Seite 172).

Zutaten für 4 Personen:
1 1/2 l Milch, 150 g Buchweizenmehl, 4 Eßlöffel Wasser, Salz

Zubereitungszeit: 50 Minuten

Ich gebe das Mehl in eine große Schüssel und gebe tropfenweise das Wasser dazu. Mit den Händen verrühre ich Mehl und Wasser, bis sich kleine Kügelchen formen. Das kann bis zu 30 Minuten dauern. Dann erhitze ich die Milch in einem großen Topf. Sobald sie aufkocht, gebe ich die Kügelchen dazu und lasse sie einmal aufwallen. Ich salze sie ein wenig, gebe sie in eine Schüssel und serviere sie.

Schwarzplententäschchen

Ulli Mair, Pretzhof, Tulfer

Zutaten für 4 Personen:
Für den Teig: 300 g Buchweizenmehl, 2 Eier, etwas Milch, Salz, eventuell etwas Butter
Für die Füllung: je nach Belieben Käsewürfel, Pilze, Kräuter, Gemüse, Bratenreste

Zubereitungszeit: 70 Minuten

Für den Teig häufe ich das Buchweizenmehl auf eine Arbeitsfläche, forme in der Mitte eine Vertiefung und gebe die Eier hinein. Ich verknete die Zutaten zu einem glatten Teig, den ich mit so viel Milch verrühre, daß er schön geschmeidig, aber nicht zu naß wird.
Dann rolle ich ihn auf einer bemehlten Arbeitsfläche gleichmäßig dünn aus und trenne mit dem Teigrädchen kleine Rechtecke ab. Auf diese Teigflecken setze ich mit einem Teelöffel kleine Portionen von einer beliebigen Füllung, klappe die Teigstücke so zusammen, daß kleine Täschchen entstehen, drücke den Teig dabei an den Rändern gut fest und gare sie dann in Salzwasser. Die gekochten Teigtäschchen kann man auch noch in der Pfanne in etwas Butter abschmelzen und dann erst servieren.

Diese Teigtäschchen sind sehr vielseitig, denn sie lassen sich praktisch mit allem füllen, was gerade vorhanden ist. Sie sind ideal, um beispielsweise Bratenreste vom Vortag zu verwerten. Sie können sie aber auch mit Kraut oder einem Würfelchen Graukäse füllen und mit Butter servieren. Für die Bratenfüllung verwende ich insgesamt etwa 350 g Fleisch, 1 Ei, etwas geriebenen Käse, eventuell etwas Blattspinat oder feingehackte Pilze, Salz, Pfeffer, etwas Brühe. Ich drehe das Fleisch durch den Fleischwolf und vermenge es mit den übrigen Zutaten zu einer gleichmäßigen Masse. Sie sollte nicht zu feucht sein, nach Bedarf gebe ich etwas Semmelbrösel darüber. Dann steche ich von der Füllmasse mit einem Teelöffel Portionen ab und setze sie auf die Teigstücke und fahre fort, wie ich es beschrieben habe.

Speckknödelsuppe

Oswald Wurzer, Gasthof Lilie, Sterzing

Zutaten für 4 Personen:
300 g Weißbrot vom Vortag, 100 g Räucherspeck, 1 kleine Zwiebel, 30 g Butter, 2 Eier, 1/4 l lauwarme Milch, 2 Eßlöffel Mehl, 2 Eßlöffel feingehackte Petersilie, Salz
Außerdem: 1 1/4 l Fleischbrühe, Schnittlauch zum Bestreuen

Zubereitungszeit: 40 Minuten

Zunächst schneide ich das Weißbrot in hauchdünne Scheiben (Sie können auch die entsprechende Menge Knödelbrot verwenden), übergieße es mit der lauwarmen Milch und lasse es einweichen. In der Zwischenzeit hacke ich die Zwiebel fein, schneide den Speck in kleine Würfel und dünste beides in der Butter an. Diese Mischung gebe ich dann zum Weißbrot und verknete sie zusammen mit den Eiern zu einem gleichmäßigen Teig. Wenn er zu feucht gerät, streue ich das Mehl ein. Abschließend arbeite ich noch die Petersilie ein und schmecke mit Salz ab. Aus diesem Teig kann ich jetzt Knödel formen, die ich in der kochenden Fleischsuppe etwa 15 Minuten ziehen lasse. Vor dem Servieren bestreue ich sie mit dem gehackten Schnittlauch.

Spinatnocken

Peter Zorzi, Marionstube, Welschnofen

Zutaten für 6 Personen:
500 g Weißbrot, 3 Eier, 1/4 l Milch, 150 g Blattspinat, 1 Zwiebel, 1 Knoblauchzehe, 40 g Butter, Salz, Pfeffer, Muskat
Außerdem: etwas geriebener Käse zum Bestreuen

Zubereitungszeit: 45 Minuten

Ich schneide das Brot in feine Scheiben und weiche diese in der Milch ein. In der Zwischenzeit hacke ich die Zwiebel und den Knoblauch fein und dünste sie in der Butter an. Ich verlese und wasche den Spinat, lasse ihn gut abtropfen, hacke ihn sehr fein und dünste ihn ebenfalls kurz mit. Dann vermenge ich das Brot mit den Eiern und arbeite auch das angedünstete Gemüse ein. Ich schmecke den Teig mit Salz, Pfeffer und Muskat ab, forme die Nocken und gare sie leise in Salzwasser. Nach etwa fünf Minuten kann ich sie mit der Schaumkelle herausnehmen und mit etwas Käse bestreut servieren.

Spinattirtlen

Karl Unterhofer, Amadé, Bozen

Zutaten für 8 Personen:
Für den Teig: 500 g Roggenmehl, 2 Eßlöffel Öl, 1 Prise Salz, lauwarmes Wasser
Für die Füllung: 1 kleine Zwiebel, 30 g Butter, 500 g Blattspinat, 100 g Quark oder Ricottakäse, Muskat, Salz, Pfeffer, eventuell etwas Mehl oder Semmelbrösel
Außerdem: Öl zum Ausbacken

Zubereitungszeit: 2 Stunden

Für den Teig siebe ich das Mehl in eine Schüssel, salze es und verknete es mit dem Öl und dem lauwarmen Wasser zu einem glatten Teig. Das Wasser gebe ich nur schlückchenweise dazu (insgesamt rund einen Viertelliter), damit ich die Konsistenz des Teigs besser regulieren kann. Ich lasse den Teig ruhen, während ich die Füllung zubereite:
Dazu verlese und wasche ich den Spinat und gebe ihn nur mit dem Wasser, das noch vom Waschen an den Blättern haftet, in einen Topf und gare ihn. Dann hacke ich die Zwiebel fein und glase sie in der Butter an. Den Spinat hacke ich mit dem Pürierstab oder mit dem Wiegemesser ebenfalls fein und dünste ihn dann kurz in der Pfanne mit. Dann gebe ich ihn in eine Schüssel, wo ich ihn mit dem Quark vermenge. Handelsüblicher Quark ist meistens sehr feucht; am besten eignet sich schön trockener Topfen oder, falls Sie keinen Topfen bekommen, Ricottakäse. Die Spinat-Quark-Masse würze ich abschließend mit Salz, Pfeffer und Muskat. Sollte die Füllung noch zu feucht sein, streue ich etwas Mehl oder Semmelbrösel ein.
Nun rolle ich den Teig auf einer bemehlten Arbeitsfläche möglichst dünn aus und steche mit einem Wasserglas kreisrunde Teigplätzchen aus. Auf die Hälfte der Kreise setze ich mit einem Teelöffel kleine Portionen von der Spinatfülle. Diese decke ich dann jeweils mit einem der restlichen Teigkreise zu, drücke die Ränder fest zusammen, so daß kleine Täschchen entstehen. Diese »Tirtlen« backe ich in Öl schwimmend goldgelb aus.

Südtiroler Weinsuppe

Gottfried Sebald, Finsterwirt, Brixen

Unverwechselbar und würzig ist der Geschmack der Gewürztraminerrebe. Natürlich können Sie jeden trockenen Weißwein für die Zubereitung dieser Suppe verwenden – doch der Gewürztraminer verleiht ihr ein einzigartiges Aroma!

Zutaten für 4 Personen:
1/2 l kräftige Fleischbrühe, 5 Eigelb, 1/4 l Sahne,
1/4 l Weißwein (vorzugsweise Gewürztraminer),
etwas Zimt, eine Prise Rosenpaprika
Außerdem: Weißbrotcroûtons zum Garnieren

Zubereitungszeit: 30 Minuten

Fleischbrühe habe ich meistens vorrätig, da wir in unserem Lokal viel damit kochen. Ich gieße sie in eine emaillierte Pfanne, rühre mit dem Schneebesen das Eigelb, die Sahne und den Weißwein ein, streue etwas Zimt dazu und schlage die Mischung bei kleiner Hitze so lange weiter, bis alles cremig wird.
In einem zweiten Pfännchen bereite ich die Croûtons zu und streue sie in die Suppe. Vor dem Servieren bestäube ich die einzelnen Portionen mit einem Hauch Zimt und Rosenpaprika.

Strangolapreti
Tridentiner Spinatklößchen
Ada Chiesa Rappo, Trient

Rund zwanzig Jahre lang tagte das Tridentiner Glaubenskonzil, rund vierhundert Jahre lang sollten seine Beschlüsse Gültigkeit bewahren. Da wollte für die Ernährung der geistlichen Herren gesorgt sein. Der Chronist des Konzils war ein ausgesprochener Gourmet und zeichnete nicht nur die Beschlüsse, sondern peinlich genau auch den Speisezettel des Klerus auf.
Besonderer Beliebtheit erfreuten sich die Spinatklößchen, die in der Folge im Volksmund den Namen »Priesterwürger« erhalten haben – vermutlich hatten sich die hohen Herren daran überessen.

Zutaten für 4 Personen:
1 kg Blattspinat, 2–3 Eier, 2 Handvoll Semmelbrösel,
2 Handvoll geriebener Parmesan, Muskat, Salz, Pfeffer,
eventuell etwas Mehl, nach Belieben feingehackte Petersilie
Außerdem: zerlassene Butter und geriebener Käse zum Servieren

Zubereitungszeit: 75 Minuten

Ich verlese und wasche den Spinat und gare ihn nur mit dem Wasser, das vom Waschen an den Blättern haftet, in einem großen Topf. Wenn die Blätter zusammengefallen sind, gieße ich sie ab und zerhacke sie grob mit dem Pürierstab oder einem Wiegemesser.
Den gehackten Spinat gebe ich in eine Schüssel und vermenge ihn zunächst mit den Semmelbröseln und dem geriebenen Parmesan. Dann trenne ich die Eier, gebe das Eigelb in die Spinatmasse und schlage das Eiklar zu Schnee, bevor ich es ebenfalls unterhebe. Der Eischnee verleiht den Klößchen eine herrlich flaumige Konsistenz. Wenn Sie wollen, können Sie auch noch eine Handvoll feingehackter Petersilie dazugeben. Ich würze die Spinatmasse kräftig mit geriebenem Muskat, Salz und Pfeffer. Ist die Masse zu feucht, streue ich ein wenig Mehl ein.

Mit einem Teelöffel steche ich kleine Portionen von der Spinatmasse ab, forme sie zu Klößchen und koche sie im Salzwasser.
Das Kochen ist in diesem Fall eine etwas heikle Angelegenheit, denn die Klößchen lösen sich sehr leicht auf. Am besten gart man sie deshalb in einer flachen und weiten Pfanne, die ein paar Finger hoch mit Wasser gefüllt ist. Die Klößchen dürfen auch nicht sprudelnd kochen, sondern sollten eher leise ziehen.
Nach ein paar Minuten sind sie gar und werden mit zerlassener Butter und geriebenem Käse serviert.

Tagliatelle ai funghi porcini
Bandnudeln mit Steinpilzsauce

Domenica Pedrini, Az. agr. Pravis, Lasino

Zutaten für 6 Personen:
Für den Teig: 500 g Mehl, 4 Eier, Salz
Für die Sauce: 500 g frische Steinpilze, 1 kleine Zwiebel, 1 Selleriestange, 1 kleine Karotte, 50 g Butter, 1 Schuß Weißwein, 100 ml Sahne, Salz, Pfeffer

Zubereitungszeit: 75 Minuten

Zunächst bereite ich den Nudelteig vor. Dazu häufe ich das Mehl auf eine Arbeitsfläche und forme in der Mitte eine kraterförmige Vertiefung. Ich gebe Eier und Salz in diesen Krater und verknete langsam alles zu einem geschmeidigen Teig. Ich forme ihn zu einer Kugel und lasse ihn zugedeckt eine halbe Stunde ruhen. In der Zwischenzeit bereite ich die Steinpilzsauce zu. Ich putze die frischen Pilze mit einem scharfen Messer und reibe sie, wenn nötig, mit einem Küchentuch ab. Ich schneide sie in feine Scheiben, die ich je nach Größe noch ein- oder zweimal durchschneide. Ich hacke die Zwiebel, die Selleriestange und die Karotte ganz fein und dünste sie in einer weiten Pfanne in der Butter an. Sobald die Zwiebel eine goldgelbe Farbe bekommen hat, gebe ich die Pilze dazu und brate sie bei starker Hitze mit. Dabei rühre ich ständig um, damit die Pilze nicht anbrennen. Wenn die Pilze weich werden, nehme ich die Hitze wieder etwas zurück, gieße den Wein an, schmecke mit Salz und Pfeffer ab und lasse sie langsam fertiggaren. Jetzt widme ich mich wieder dem Nudelteig. Ich rolle ihn auf einer bemehlten Arbeitsfläche zu einem möglichst dünnen Blatt. Ich bestreue das Teigblatt auch auf der Oberseite mit Mehl, damit es nicht verklebt, und rolle es auf. Dann schneide ich mit einem Küchenmesser etwa fingerbreite Bandnudelstreifen ab und koche diese in reichlich Salzwasser. Kurz bevor die Nudeln gar sind, rühre ich die Sahne unter die Pilze. Ich gieße die Nudeln ab, verteile sie auf die Teller und richte sie mit der Steinpilzsauce an.

Teigtaschen mit Hasenfülle in Preiselbeerbutter

Karl Unterhofer, Amadé, Bozen

Zutaten für 4 Personen:
Für den Teig: 200 g Weizenmehl, 1 Ei, 2 Eßlöffel Öl, 4 Eßlöffel Wasser, Salz
Für die Füllung: 1 Hasenkeule, 1 kleine gekochte Zwiebel, 1 Knoblauchzehe, 1 Lorbeerblatt, 2–3 Wacholderbeeren, Salz, Pfeffer, 1 Eßlöffel Wacholderschnaps, 2 Eßlöffel Olivenöl
Außerdem: 1 Ei zum Bestreichen
Für die Sauce: Kräuterbutter und frische Preiselbeeren

Zubereitungszeit: 90 Minuten

Als erstes bereite ich den Nudelteig zu. Dazu häufe ich Mehl auf eine Arbeitsfläche, forme in der Mitte eine kraterförmige Vertiefung, gebe Salz und das Ei hinein und verknete beides unter der Zugabe von Öl und Wasser zu einem geschmeidigen Teig. Ich rolle ihn zu einer Kugel, lege ihn in eine Schüssel und lasse ihn zugedeckt eine Stunde ruhen.
In dieser Zeit bereite ich die Füllung zu. Ich löse die Hasenkeule aus (das kann man auch bereits vom Metzger vornehmen lassen) und schneide sie in kleine Stücke. Diese brate ich zusammen mit der Zwiebel und dem feingehackten Knoblauch im Olivenöl rasch an. Ich lösche sie mit dem Wacholderschnaps ab, gieße etwas Wasser an, würze und lasse alles einige Minuten weiterkochen. Dann nehme ich das Fleisch vom Herd, lasse es ein wenig abkühlen und zerkleinere es anschließend mit dem Pürierstab. Die Füllung soll dabei nicht musig werden, sondern noch etwas »Biß« behalten.
Jetzt geht es ans Formen der Teigtäschchen. Dazu rolle ich den Teig auf einer bemehlten Arbeitsfläche zu zwei gleich großen, möglichst dünnen Platten aus. Auf die eine Platte setze ich mit einem Teelöffel kleine Portionen von der Füllung. Die Zwischenräume bestreiche ich mit dem verquirlten Ei, das sozusagen als »Klebstoff« dient. Ich lege die zweite Teigplatte darauf und drücke sie in den Zwi-

schenräumen gut fest. Mit einem Teigrädchen trenne ich die Täschchen, die ich anschließend in einem großen Topf Salzwasser gare. Dabei achte ich darauf, daß das Wasser nicht zu wild sprudelt, denn dadurch könnten die zarten Teigtäschchen platzen. Nach drei Minuten sind sie fertig.
Wenn Sie wollen, können Sie die Täschchen jetzt noch in zerlassener Kräuterbutter und frischen Preiselbeeren schwenken, bevor Sie sie servieren.

Dieses Rezept eignet sich auch gut dafür, Bratenreste vom Wild zu verwerten. Wenn Sie noch Hase, Reh oder beispielsweise Hirsch übrighaben, ist auch mit diesen Fleischsorten leicht eine interessante Variante zubereitet.

Topfennocken

Louis Agostini, Kaiserkron, Bozen

Zutaten für 4 Personen:
250 g trockener Topfen (Quark), 100 g Mehl, 2 Eier, 200 g Butter, 4 Eßlöffel geriebener Käse, je 1 kleiner Zweig Rosmarin und Thymian, 2 Salbeiblätter, Salz, Pfeffer

Zubereitungszeit: 40 Minuten
Ruhezeit für den Teig: 60 Minuten

Zunächst hacke ich die Kräuter ganz fein und stelle sie beiseite. Dann rühre ich 100 Gramm Butter schaumig, gebe die beiden Eier dazu und schlage sie kräftig. Ich gebe den Topfen, der schön fest sein sollte (wenn Sie nur den relativ feuchten Quark bekommen, behelfen Sie sich statt dessen mit Ricotta), die Hälfte des geriebenen Käses, das Mehl und die Kräuter dazu und vermenge alles zu einer gleichmäßigen Masse. Ich schmecke mit Salz und Pfeffer ab, bevor ich den Teig eine Stunde kalt stelle. Mit zwei Eßlöffeln oder mit den Händen forme ich Nocken, die ich eine Viertelstunde im Salzwasser koche. Vor dem Servieren schwenke ich sie in der restlichen, zerlassenen Butter und bestreue sie mit Parmesan.

Wildpastete

Paola Obletter, Sterzing

Eine ebenso köstliche wie arbeitsaufwendige Vorspeise, die man bei großen Festen reichen kann.

Zutaten für 12 Personen:
Für den Teig: 500 g Mehl, 180 g Butter, 2 Eier, Salz, lauwarmes Wasser
Für die Füllung: 150 g Kalbsleber, in Milch eingeweicht, 1 Schalotte, 50 g Butter, 300 g Hasen- oder Rehfleisch, 150 g grüner Speck, 200 g Kalbfleisch, 150 g Schweinefleisch, 2 Äpfel, 4 Eßlöffel Sahne, 1/2 Glas Madeira, 2 Lorbeerblätter, ein paar Majoranblättchen, Salz, Pfeffer
Außerdem: 1 Glas Weinbrand, 1 Handvoll geschälte Pistazien, 50 g Pökelzunge, ein paar Trüffelwürfelchen als Einlage, Fett für die Form, 1 Ei zum Bestreichen

Zubereitungszeit: 3 1/2 Stunden

Für die Pastete verwendet man gekochtes Fleisch. Deshalb gare ich es meist schon am Vortag in Wasser – dabei fällt dann eine schöne Brühe ab, die ich in der Regel zwar nicht als Suppe, jedoch zumindest zum Kochen und Würzen verwenden kann.
Für die Pastete bereite ich zuerst den Teig zu. Dazu gebe ich das Mehl in eine Schüssel und verknete es nach und nach mit der in Flöckchen zerteilten Butter, den Eiern und dem Salz. Ich füge so viel lauwarmes Wasser hinzu, bis der Teig schön geschmeidig, aber nicht zu feucht wird. Ich rolle ihn zu einer Kugel und lasse ihn zugedeckt im Kühlschrank etwa zwei Stunden ruhen.
Jetzt schneide ich die Zutaten, die ich als Einlage vorgesehen habe, fein oder hacke sie in Würfel und mariniere sie einige Zeit in Weinbrand.
In der Zwischenzeit bereite ich die Pastetenfüllung zu. Ich schneide die Kalbsleber in feine Scheiben und brate sie mit der Schalotte, die ich in feine Würfel gehackt habe, in der Butter an. Dann gebe ich sie zu dem übrigen, bereits

gekochten Fleisch. Ich drehe das gesamte Fleisch und die beiden geschälten Äpfel durch den Fleischwolf. Damit die Füllung die richtige Konsistenz bekommt, muß ich das Fleisch meist zwei- oder dreimal durchdrehen. In die Fleischmasse rühre ich anschließend den Madeira und die Sahne ein, damit sie schön geschmeidig wird, und schmecke sie mit den Gewürzen ab. Die Füllmasse ist nun fertig.
Nun rolle ich den Teig aus und teile ihn in zwei ungleiche Hälften: Die eine Hälfte muß Boden und Wände der Pastetenform auskleiden, die andere dient als Deckel. Ich fette die Form ein und kleide sie mit der größeren Teighälfte aus. Den Teigboden und die -wände lege ich nun mit den Speckscheiben aus, dann verteile ich ein Drittel der Füllung darauf. Darüber streue ich einen Teil der Garnitur, dann schichte ich wieder etwas von der Füllung in die Form. Diesen Vorgang wiederhole ich so lange, bis alle Zutaten aufgebraucht sind. Die Pastetenform sollte dabei nicht bis zum Rand vollgefüllt sein, sondern noch etwas Platzreserven haben. Auf die oberste Schicht lege ich wieder Speckscheiben, dann kommt der Teigdeckel darauf. Ich steche den Deckel ein paarmal mit einer Gabel ein, damit der Dampf, der sich beim Backen entwickelt, entweichen kann. Ich bestreiche den Teigdeckel mit dem verquirlten Ei. Dann schiebe ich die Pastete in den Ofen und backe sie rund 75 Minuten.
Vor dem Servieren erkalten lassen.

Wirsingknödel

Karl Unterhofer, Amadé, Bozen

Zutaten für 4 Personen:
1 kleine Zwiebel, 50 g Bauchspeck, 50 g Butter, 300 g Wirsing, 200 g Knödelbrot, 3 Eier, 1 Eßlöffel Mehl, feingehackte Petersilie, 1 Eßlöffel geriebener Käse (vorzugsweise Parmesan), Salz, Pfeffer

Zubereitungszeit: 60 Minuten

Für dieses Gericht muß ich den Wirsing in feine Streifen schneiden. Dann hacke ich die Zwiebel fein, schneide den Speck in sehr kleine Würfel und schwitze beides in der Butter an. Nach ein paar Minuten gebe ich die Wirsingstreifen dazu, dünste sie ein wenig mit, gieße schließlich mit Wasser auf, daß alles bedeckt ist, und koche den Wirsing weich.
Ich gebe den Wirsing anschließend zum Knödelbrot (Sie können auch Weißbrot in sehr dünne Scheiben schneiden). Ich gebe auch das Mehl, den Parmesan, die Petersilie und die Eier dazu und mische alles gut durch. So erhalte ich einen gleichmäßigen Knödelteig, den ich noch mit Salz und Pfeffer abwürze und etwas durchziehen lasse. Dann forme ich Knödel und gare sie etwa 15 Minuten im Salzwasser.
Die Knödel eignen sich auch hervorragend als Beilage zu Pilzgerichten (siehe z. B. Rezept Seite 101).

Zuppa di fagioli alla trentina
Bohnensuppe nach der Art des Trentino

Angelina Pedron, Trient

Zutaten für 4 Personen:
200 g getrocknete, kleine, weiße Bohnen, 120 g Nudeln für Minestra (z.B. Ditalini, Mezze Penne), 1 Selleriestange, 1 Knoblauchzehe, 1/2 Zwiebel, 1 Eßlöffel Tomatenmark (oder 100 g Tomatenpüree), 1 Prise Zimt, 1 Eßlöffel Essig, 4 Eßlöffel Olivenöl extravergine, Salz, Pfeffer
Außerdem: geriebener Granakäse aus dem Trentino (ersatzweise Parmesan)

Zubereitungszeit: 3 1/2 Stunden
Einweichzeit für die Bohnen: 12 Stunden

Bereits am Vorabend weiche ich die Bohnen in Wasser ein. Nach etwa zwölf Stunden gieße ich sie ab und gebe sie in einen großen Topf. Ich übergieße sie mit etwa 1 1/4 Liter Wasser und gebe den Sellerie, den ich in kleine Streifen geschnitten habe, ebenfalls dazu. Ich koche die Bohnen nun bei ganz leiser Flamme und leicht geöffnetem Deckel rund drei Stunden lang. Dabei gieße ich von Zeit zu Zeit eine Kelle heißes Wasser auf, um das beim Kochen verdunstete Wasser zu ersetzen, denn am Schluß sollte so viel Wasser im Topf sein wie am Anfang. In der Zwischenzeit hacke ich die Zwiebel und den Knoblauch fein und dünste sie im Öl an. Wenn die Bohnen fast gar sind, gebe ich diesen »Soffritto« zur Suppe, ebenso das Tomatenmark (am besten verrühren Sie es vorher mit ein paar Tropfen Wasser) und den Zimt. Wenn das Wasser wieder kocht, würze ich mit Salz und Pfeffer und gebe die Nudeln in die Suppe. Wenn die Nudeln gar sind, schmecke ich mit Essig ab, verrühre ihn kräftig und bringe die Suppe auf den Tisch. Die einzelnen Portionen kann man mit geriebenem Grana bestreuen.

Diese Bohnensuppe ist lange Zeit ein typisches Karfreitagsgericht gewesen. Man würzte sie mit einem Lorbeerblatt und verzichtete dafür auf die Nudeln – was natürlich durch mehr Bohnen wieder wettgemacht wurde.

Zuppa di funghi
Pilzcreme

Wanda Zani, Trattoria Novecento, Rovereto

Zutaten für 6 Personen:
700 g frische Pilze, 1 Handvoll Petersilie, 2 Eßlöffel Olivenöl, 2 Knoblauchzehen, 150 g Butter, 35 g Mehl, 1 1/2 l Brühe, 1/4 l Sahne, Salz, Pfeffer
Außerdem: Weißbrotwürfel zum Servieren

Zubereitungszeit: 90 Minuten

Mit einem scharfen Messer putze ich die Pilze und schneide sie in Scheiben. Dann dünste ich sie kurz mit den feingehackten Knoblauchzehen in Olivenöl und bestreue sie mit der feingewiegten Petersilie.
In einem Topf bereite ich aus etwa 50 Gramm Butter und dem Mehl eine Mehlschwitze zu. Dabei muß ich ständig umrühren, damit das Mehl keine Klümpchen bildet. Sobald das Mehl goldgelb wird, gieße ich – unter ständigem Rühren – die Brühe auf und bringe sie zum Kochen. Ich lasse sie nun bei leiser Flamme weiterkochen und gebe die Pilze hinein, wovon ich etwa die Hälfte feingehackt habe, die andere Hälfte in Scheibchen lasse. Nach zwanzig Minuten binde ich die Suppe mit der Sahne und der restlichen, zerlassenen Butter (beides habe ich vorher erhitzt) und schmecke, wenn nötig, mit Salz und Pfeffer ab.
Ich serviere die Creme gerne mit gerösteten Weißbrotwürfeln.

Zuppa di funghi alla trentina
Pilzsuppe nach der Art des Trentino

Wanda Zani, Trattoria Novecento, Rovereto

Zutaten für 8 Personen:
1 kg Pilze, 2 l Fleischbrühe, 1 Eßlöffel feingehackte Zwiebeln, 2 Knoblauchzehen, 50 g Butter, 4 Eßlöffel Tomatenpüree, 2 Eigelb, 2 ganze Eier, 1 Eßlöffel feingehackte Petersilie, 50 g geriebener Granakäse aus dem Trentino (oder Parmesan), Muskat, Salz, Pfeffer
Außerdem: Weißbrotcroûtons zum Garnieren

Zubereitungszeit: 90 Minuten

Ich putze die Pilze mit einem scharfen Küchenmesser, reibe sie gegebenenfalls mit einem Tuch ab und schneide sie in dünne Scheiben. In einem Topf erhitze ich die Butter, dünste die feingehackte Zwiebel und den gepreßten Knoblauch an, dann gebe ich die Pilze dazu und dünste sie mit, bis sie zwar weich, aber noch bißfest sind. Dann gebe ich das Tomatenpüree und die Petersilie dazu und würze mit Salz und Pfeffer.
Nun gieße ich die Brühe auf und lasse sie kurz aufwallen. Kurz vor dem Servieren verquirle ich die beiden ganzen Eier und das Eigelb mit dem geriebenen Käse und einer Prise Muskat, verrühre das Ganze mit ein wenig Brühe und binde die Suppe damit.
Auf Teller verteilen und mit Weißbrotcroûtons servieren.

Altweiberfersen

Paula Federa, St. Ulrich

Hinter dem zunächst wenig schmeichelhaften Namen verbirgt sich ein nahrhaftes Gericht, das sich schnell und einfach zubereiten läßt. Eier und Milch waren auf einem Bauernhof ja praktisch immer vorhanden. Außerdem waren sie früher als wichtiges Grundnahrungsmittel auch für die zahlreichen Fastenspeisen fast unverzichtbar.

Zutaten für 4 Personen:
4 Eier
Für den Teig: 200 g Weizenmehl, 1/4 l Milch, 2 Eier, Salz
Außerdem: Fett zum Backen

Zubereitungszeit: 30 Minuten

Ich koche die vier Eier hart. In der Zwischenzeit bereite ich aus dem Mehl, der Milch und zwei weiteren Eiern einen Backteig zu, den ich mit einer Prise Salz würze. Die hartgekochten Eier schrecke ich kurz unter kaltem Wasser ab, weil sie sich dann leichter schälen lassen. Die gepellten Eier halbiere ich quer. Dann tauche ich die Eihälften in den Backteig und backe sie in heißem Fett goldbraun aus.

Baccalà con le olive
Stockfisch mit Oliven

Domenica Pedrini, Az. agr. Pravis, Lasino

Bis vor wenigen Jahrzehnten waren Dörren und Einsalzen so gut wie die einzigen Möglichkeiten, Seefisch über einen längeren Zeitraum hinweg haltbar zu machen. So konnte er auch in die meerfernen Regionen Südtirol und Trentino transportiert werden, wo er heute noch einen festen Platz auf den Speisezetteln hat (siehe auch das Stockfischgröstl auf Seite 135). In der Gardaseeregion reicht man ihn mit Oliven, die dort gedeihen.

Zutaten für 4 Personen:
4 Stockfischfilets, 1 kleine Zwiebel, 1 Knoblauchzehe, 1 Bund Petersilie, 100 g Oliven, 300 g geschälte Tomaten, Olivenöl, Salz

Zubereitungszeit: 60 Minuten

Da die Vorbereitung von Stockfisch sehr zeitaufwendig ist, nehme ich am liebsten küchenfertige Stockfischfilets. Ansonsten muß der Stockfisch mindestens zwei Tage vor der Zubereitung gewässert werden, wobei man das Wasser alle paar Stunden austauschen sollte.
Ich hacke die Zwiebel, den Knoblauch und die Petersilie fein und dünste sie in einer großen Pfanne in Öl an. Wenn die Zwiebel glasig wird, gebe ich die Tomaten dazu und lasse alles schön köcheln, bis die Tomaten fast gar sind (ca. 30 Minuten). Dann gebe ich die Oliven dazu, schmore sie ein wenig mit, und erst etwa zehn Minuten vor dem Servieren kommen die Stockfischfilets hinein. Ich lasse sie fünf Minuten auf jeder Seite bei lebhafter Flamme garen. Wenn nötig, salze ich noch ein wenig, dann kann ich den Baccalà servieren.

Bozener Kalbsnierenstück

Louis Agostini, Kaiserkron, Bozen

Zutaten für 4 Personen:
4 Kalbsnierenstücke (à ca. 150 g), 4 Kalbsnierenscheiben (à ca. 50 g), 50 g Butter, 1 Glas trockener Weißwein, 2 Eßlöffel Öl, Salz

Zubereitungszeit: 60 Minuten

Die Nierchen muß ich bereits ein paar Stunden vor der Zubereitung wässern oder in Buttermilch einlegen, damit sie ihren durchdringenden Geschmack verlieren. Ich beginne dann mit den Kalbsnierenstücken. Ich salze sie und brate sie in einer Pfanne in dem Öl langsam an. In der Zwischenzeit schneide ich die gewässerten Nierchen in Scheiben und gebe sie, kurz bevor das Fleisch gar ist, mit in die Pfanne. Ich brate sie von beiden Seiten und salze sie. Ich lösche das Ganze mit dem Weißwein ab und verfeinere den Fond mit der Butter. Dann kann ich das Fleisch servieren.

Sehr gut schmeckt gedünsteter Reis dazu, der mit Gewürznelken aromatisiert ist: einfach beim Kochen eine mit Gewürznelken gespickte kleine Zwiebel in den Reis legen.

Brasato di manzo al Teroldego
Rinderschmorbraten in Teroldego

Roberta Antoniolli, Al Vò, Trient

Teroldego Rotaliano ist eine Rotweinrebe, die in der Ebene vom Campo Rotaliano zwischen Mezzocorona und Mezzolombardo nördlich von Trient gedeiht. Sorgfältig verarbeitet, ergibt sie einen kräftigen Wein, der sich gut für Schmorgerichte eignet. Er ist vollmundig und reich und wirkt wunderbar samtig. Bisweilen wird er auch zu Roséwein verarbeitet, der jedoch weniger bedeutend ist.

Zutaten für 6 Personen:
1 kg Rinderbraten (Schulterstück), 35 + 35 g Butter, Salz, Pfeffer
Für die Beize: 1–1 1/2 l Teroldego, 1 Zwiebel,
1 Selleriestange, 1 Karotte, 3 Gewürznelken,
2 Lorbeerblätter

Zubereitungszeit: 3 1/2 Stunden
Einwirkzeit der Beize: 12 Stunden

Am besten legt man den Braten bereits einen Tag bzw. am Abend vorher in die Beize, damit das Fleisch schön durchziehen kann. Ich nehme dafür am liebsten ein Stück aus der Schulter vom Jungochsen. Für die Beize schneide ich das Gemüse in feine Streifen und gebe es zusammen mit dem Bratenstück in eine Deckelterrine. Dann übergieße ich es mit dem Wein und decke es zu.
Am nächsten Tag nehme ich das Fleisch aus der Beize (Beize aufheben!), trockne es ab und brate es in einem Topf in 35 Gramm Butter rundherum kräftig an. Wenn das Fleisch Farbe bekommen hat, würze ich es mit Salz und Pfeffer und gebe das Gemüse aus der Beize dazu und brate es mit. Nun schalte ich die Hitze etwas zurück und gieße das Fleisch mit Wein aus der Beize auf. Diese Flüssigkeit soll während der Garzeit (gut drei Stunden) stark einkochen. Deshalb schmore ich das Fleisch am liebsten bei leicht geöffnetem Topfdeckel.
Wenn der Braten gar ist, nehme ich ihn heraus und stelle

ihn warm. Meist ist noch etwas Wein im Topf. Diese restliche Flüssigkeit und den Bratenfond mit den zerkochten Gemüsen streiche ich durch ein Sieb, lasse beides bei lebhafter Flamme weiter einkochen und verfeinere es schließlich mit der restlichen Butter.
Vor dem Servieren schneide ich den Brasato in Scheiben und garniere ihn mit der heißen Sauce.
Als Beilage eignet sich Polenta besonders gut (Rezept auf Seite 102).

Carne salada
Pökelfleisch

Wanda Zani, Trattoria Novecento, Rovereto

Carne salada ist eine besondere Fleischspezialität aus dem Trentino. Man kann das leicht gepökelte Fleisch roh wie Carpaccio mit Öl und Zitronensaft essen oder auch warm mit dicken Bohnen anrichten.

Zutaten für 4 Personen:
1 kg mageres Rindfleisch (unser Rouladenfleisch kommt dem Schnitt für Carne salada am nächsten)
Für die Marinade: 40 g grobkörniges Salz, 6 Lorbeerblätter, 1 Handvoll Wacholderbeeren
Außerdem: Olivenöl, Essig

Zubereitungszeit: 30 Minuten
Einwirkzeit der Marinade: 10 Tage

Natürlich können Sie Carne salada im Trentino im Feinkostgeschäft kaufen, doch selbstgemacht schmeckt das Fleisch ungleich zarter! Ich schneide das Fleischstück in zwei gleich große Hälften, die ich mit den Salzkörnern bestreue. Ich gebe sie in eine Deckelterrine und lasse sie mit den Gewürzen zehn Tage marinieren. Dabei wende ich es von Zeit zu Zeit, damit die Gewürze gleichmäßig einziehen. Wenn das Fleisch schön mürbe geworden ist, muß man es meiner Meinung nach garen, damit es seinen feinen Geschmack richtig zur Geltung bringt. Dazu schneide ich es in feine Scheiben, die ich in einem Gemisch aus Essig und Olivenöl wende und in einer heißen Pfanne von jeder Seite eine Minute brate. Ich serviere die heißen Fleischscheiben mit dem Saft, der sich beim Braten bildet.
Als Beilage reiche ich gekochte dicke Bohnen, die ich mit Olivenöl, Essig, Salz und Pfeffer würze.

Cavedano in carpione
Eingelegter Gardaseefisch

Wanda Zani, Trattoria Novecento, Rovereto

Cavedano ist eine Fischart, die in den oberitalienischen Seen beheimatet ist und zu den Weißfischen gehört. Sie können dieses Rezept, das übrigens bereits aus dem Jahre 1660 stammt, ebensogut mit Forellen nachkochen. Die schmackhafte Zubereitung kommt noch besser zur Geltung, wenn Sie den Fisch drei bis vier Tage in seiner Marinade ziehen lassen.

Zutaten für 4 Personen:
6-8 Filets von einem Süßwasserfisch
Für die Marinade: 2 in Salz eingelegte Sardellen, 4 Eßlöffel Olivenöl, 1 Eßlöffel Kapern (vorzugsweise in Salz eingelegt), 2-3 grüne Peperonischoten, in Essig eingelegt, 1 Bund Petersilie, 1 Knoblauchzehe, 1 kleine Zwiebel, etwas Weinessig

Zubereitungszeit: 45 Minuten
Einwirkzeit der Marinade: mindestens 12 Stunden

Zunächst bereite ich den Fisch vor: Ich gare die Fische und filetiere sie. Dann hacke ich das gesamte Gemüse und die Gewürze fein, mische sie in einer Schüssel und stelle sie beiseite. Unter fließendem Wasser entsalze und filetiere ich die Sardellen. Ich schneide sie in kleine Stücke und lasse sie in einem Pfännchen in heißem Olivenöl langsam schmelzen. Das geht am besten, wenn ich ständig mit einem Holzlöffel umrühre. Wenn sich die Sardellen aufgelöst haben, gebe ich die Gewürzmischung in die Pfanne, schmecke mit ein wenig Salz und Pfeffer und einem Schuß guten Weinessig ab und lasse das Ganze etwa zehn Minuten köcheln. Dann gieße ich die Sauce noch heiß über die Fischfilets und lasse sie mindestens zwölf Stunden ziehen.

Colli di pollo ripieni
Gefüllte Hühnerkrägen

Barbara Rossi, Nogaredo

Auf allen Bauernhöfen wurden Hühner und Kaninchen gehalten, um den eher fleischlosen Speisezettel wenigstens an Feiertagen etwas anzureichern. Die Tiere sind problemlos zu füttern, und die Hühner liefern obendrein noch Eier.
Wenn hoher Besuch kam, so war dies eine willkommene Gelegenheit, einem Hühnchen den Kragen umzudrehen. Alles wurde verwertet, bis zu den Innereien, Krallen und eben auch Krägen, die mit dem gefüllt wurden, was immer vorhanden war: Eier und Brot.
Die Fleischfüllung, die Barbara Ihnen in diesem Rezept vorstellt, ist ein wohlschmeckendes Zugeständnis an die heutigen Eßgewohnheiten.

Zutaten für 6 Personen:
6 ausgelöste Hühnerkrägen (aber mit Kopf),
500 g Rinderhack, 1 Ei, 100 g Weißbrot vom Vortag,
1 Tasse Milch, 100 g geriebener Granakäse aus dem Trentino (ersatzweise Parmesan), die abgeriebene Schale einer unbehandelten Zitrone, Salz, Pfeffer
Außerdem: Fleischbrühe; 2 Eier, Zitronensaft und Öl für die Mayonnaise

Zubereitungszeit: 60 Minuten

Während ich das Weißbrot in Milch einweiche, vermenge ich das Ei, den Käse und das Hackfleisch zu einer gleichmäßigen Masse. Das Fleisch sollte ganz fein gehackt sein, notfalls drehe ich es noch einmal durch den Fleischwolf. Dann wringe ich das Brot leicht aus und knete es unter die Fleischmasse. Ich würze mit der Zitronenschale, Salz und Pfeffer und achte darauf, daß die Füllmasse schön glatt geknetet ist. Mit dieser Masse fülle ich die Hühnerkrägen nach und nach wie kleine Säckchen. Dabei achte ich darauf, daß sie gleichmäßig bis unten (in diesem Fall der Kopf) gefüllt sind und sich keine Luftblasen im Innern bilden. Dann nähe ich sie oben mit Küchenzwirn zu. Ich gare die so gefüllten

Krägen rund 15 Minuten in Fleischbrühe und lasse sie anschließend in der Brühe abkühlen.
Dann nehme ich sie heraus und schneide sie in Scheiben. Ich richte die Scheiben kranzförmig auf Tellern an und drapiere den Kopf in der Mitte. Dazu reiche ich frisch geschlagene Mayonnaise aus drei Eigelb, dem Saft einer Zitrone und Olivenöl: Ich verrühre das Eigelb, würze es mit Salz und Pfeffer und schlage es mit einem Holzlöffel leicht schaumig. Mit einem Schneebesen rühre ich tropfenweise das Öl ein. Sobald die Masse die gewünschte Konsistenz hat, träufle ich den Zitronensaft hinein – die Mayonnaise ist nun fertig.

Coniglio al Nosiola
Kaninchen in Nosiola

Domenica Pedrini, Az. agr. Pravis, Lasino

Die Weißweinrebe Nosiola gedeiht einzig in der Valle dei Laghi westlich von Trient. Hier macht sich bereits das milde Klima des Gardasees bemerkbar: Die Vegetation ändert sich schlagartig, Tannen und Kastanienbäume weichen Zypressen, Olivenbäumen und Weingärten. Die Rebe ergibt einen Wein mit einem leicht nußartigen Geschmack, was ihr vermutlich auch zu ihrem Namen verholfen hat.

Zutaten für 4–6 Personen:
1 küchenfertiges Kaninchen, ca. 1,5 kg schwer, 2 Eßlöffel Olivenöl, 1 Zwiebel, 2 Knoblauchzehen, 1 Rosmarinzweig, 2 Lorbeerblätter, 4 Salbeiblätter, 1/4 l Nosiola, Salz, Pfeffer, eventuell etwas Brühe

Zubereitungszeit: 90 Minuten

Das Kaninchen teile ich in Stücke, diese wasche ich unter fließendem Wasser und trockne sie ab. Sie können das Kaninchen bereits sehr klein zerteilen, dann brät es schneller, es besteht allerdings auch die Gefahr dabei, daß die Fleischstücke austrocknen. Ich schneide es meistens so zurecht, daß jede Person ein Teil bekommt. Diese Kaninchenstücke brate ich in Olivenöl rundherum kräftig an. Wenn sie schön Farbe angenommen haben, gebe ich die geachtelte Zwiebel und den in Scheibchen geschnittenen Knoblauch mit in die Pfanne, die Kräuter gebe ich ebenfalls dazu und lasse alles ein paar Minuten weiterbraten. Dann würze ich mit Salz und Pfeffer und lösche das Fleisch kurz mit ein paar Spritzern Wein ab. Wenn der Wein verkocht ist, gieße ich den restlichen Wein auf, nehme die Hitze zurück und lasse den Wein langsam einkochen. Damit das Fleisch nicht trocken wird, schmore ich es bei nur leicht geöffnetem Deckel eine knappe Stunde. Sollte es dennoch austrocknen, Brühe nachgießen.
Ich serviere Kaninchen gerne mit gedünstetem Blattgemüse.

Coniglio in salmí
Sauer geschmortes Kaninchen
Domenica Pedrini, Az. agr. Pravis, Lasino

Zutaten für 4 Personen:
1 küchenfertiges Kaninchen, ca. 1,2 kg schwer, 1 Zwiebel, 2 Lorbeerblätter, 1 Karotte, 1 Selleriestange, ein paar Pfefferkörner, Rotwein (vorzugsweise aus dem Trentino), 50 g Butter, Salz, Pfeffer

Zubereitungszeit: 75 Minuten

Um einiges intensiver schmeckt das Kaninchen, wenn man es schon einige Stunden vorher in eine Beize legt. Ich teile es in handliche Stücke und schichte diese in eine flache Schüssel oder Bratenform. Ich schneide die Zwiebel in Ringe, die Karotte und die Selleriestange in feine Streifen und streue sie zusammen mit den Pfefferkörnern und den Lorbeerblättern über die Fleischstücke. Dann übergieße ich alles mit dem Rotwein und lasse es zugedeckt einige Stunden oder über Nacht ziehen.
Vor der Zubereitung nehme ich die Kaninchenstücke aus der Beize, trockne sie mit Küchenkrepp ab und brate sie in der Butter rundherum kräftig an. Wenn sie Farbe bekommen haben, gieße ich eine Kelle voll Beize an, lasse sie einkochen und gieße dann die restliche Beize auf. Dann nehme ich die Hitze zurück und lasse das Kaninchen langsam bei leicht geöffnetem Deckel schmoren.
Polenta ist eine vorzügliche Beilage zu diesem Gericht (Rezept auf Seite 102).

Erdäpfelblatteln

Oswald Wurzer, Gasthof Lilie, Sterzing

Nicht nur als vegetarische Hauptspeise ist dieses Kartoffelgericht ein Genuß. Die Erdäpfelblatteln eignen sich auch hervorragend als Beilage zu Wild und Braten.

Zutaten für 6 Personen:
1 kg mehligkochende Kartoffeln, 250–300 g Weizenmehl, 60 g weiche Butter, 1 Eigelb, 2 ganze Eier, Salz
Außerdem: Öl zum Ausbacken

Zubereitungszeit: 90 Minuten

Ich koche die Kartoffeln mit der Schale weich, gieße sie ab und schäle sie, solange sie noch heiß sind. Dann zerdrücke ich sie mit einem Kartoffelstampfer zu Brei und verarbeite sie mit dem Mehl, der Butter, den Eiern und Salz zu einem glatten Kartoffelteig. Den Teig rolle ich auf einer bemehlten Arbeitsfläche dünn aus und schneide ihn mit einem Teigrädchen in Rechtecke. Ich erhitze Öl in einer Pfanne und backe die Blatteln goldbraun.
Ich serviere sie mit Sauerkraut.

Erdäpfelkrapfen

Ulli Mair, Pretzhof, Tulfer

Nur ein Gebirgskamm trennt das Pfitschertal vom österreichischen Zillertal. Über die Straße, die über das Pfitscherjoch führt, tauschte man Waren und Neuigkeiten und lernte die Bräuche im benachbarten Tal kennen. So kommt es, daß die Erdäpfelkrapfen nördlich und südlich des Bergkamms in derselben Zusammensetzung bekannt sind.

Zutaten für 4 Personen:
Für den Teig: 500 g Mehl, 100 g Butter, 1 Ei, 150 ml Sahne, 1 Schuß Schnaps, Salz
Für die Füllung: 3–4 Kartoffeln, Schnittlauch, 100 g Graukäse oder Topfen
Außerdem: Fett zum Ausbacken

Zubereitungszeit: 60 Minuten

Als erstes bereite ich den Krapfenteig zu, denn er muß eine Stunde ruhen, bevor ich ihn füllen kann. Ich verknete das Mehl, die Butter, das Ei, die Sahne, den Schnaps und eine Prise Salz mit den Händen zu einem gleichmäßigen Teig. Ich forme ihn zu einer Kugel und lasse ihn ruhen.
In der Zwischenzeit koche ich die Kartoffeln weich und zerdrücke sie. Dann schneide ich den Schnittlauch klein und vermenge ihn mit der Kartoffelmasse. Den Käse schneide ich zu kleinen Würfeln und hebe ihn ebenfalls unter die Kartoffeln.
Dann streue ich Mehl auf eine Arbeitsfläche, rolle den Teig möglichst dünn aus und schneide mit dem Teigrädchen ovale Blätter zurecht. Ich steche mit einem Teelöffel kleine Portionen von der Füllung ab, setze sie auf die Teigblätter, klappe diese zusammen und drücke die Ränder gut fest, so daß kleine Teigtaschen entstehen. Diese backe ich in heißem Fett schwimmend aus, bis sie goldgelb sind, und serviere sie zu Sauerkraut.

Fasan

Karl Unterhofer, Amadé, Bozen

Zutaten für 4 Personen:
1 küchenfertiger junger Fasan, 1 Zwiebel, 1 Karotte, 1 Selleriestange, 80 g Speck, 50 g Butter, Salz, Pfeffer, 1 Schuß Weinbrand
Außerdem: Brühe

Zubereitungszeit: 2 Stunden

Am besten kaufen Sie in der Wildhandlung gleich einen küchenfertig vorbereiteten Fasan, denn das Rupfen und Ausnehmen ist eine zeitaufwendige Angelegenheit. Ich reibe den Fasan innen und außen mit Salz und Pfeffer ein und setze ihn in einen Bräter. Ich schneide das Gemüse klein, den Speck zu Würfeln und gebe beides mit der Butter in den Bräter. Ich brate alles zusammen rundherum an, dann gieße ich etwas Flüssigkeit auf und brate den Fasan gar. Dabei begieße ich den Fasan in regelmäßigen Abständen und ergänze dadurch auch die eingekochte Flüssigkeit. Wenn der Fasan weich ist, nehme ich ihn heraus, zerteile ihn und stelle ihn warm. Dann schöpfe ich das Fett vom Bratenfond ab, lösche den Fond mit Weinbrand, gieße etwas Brühe auf und lasse alles kurz aufkochen. Ich streiche die Sauce durch ein Sieb und gieße die heiße Sauce über die Bratenstücke.

Fegatelli di maiale
Schweineleber im Netz

Barbara Rossi, Nogaredo

Das Schlachten eines Schweins war früher auf einem Bauernhof immer ein Fest. Da man alle Teile des Schweins verwerten kann, wurde bei diesen Gelegenheiten ordentlich gegessen. Die Schweineleber war dabei oft Gegenstand regelrechter Wettessen, da man schon einen kräftigen Magen braucht, um entsprechende Mengen davon zu vertilgen. Damit sie gut verträglich ist, muß man sie ganz heiß und ganz schnell verarbeiten.

Zutaten für 6 Personen:
1200 g Schweineleber, 1 großes Stück Schweinenetz,
12 Lorbeerblätter, Salz und frisch gemahlener, schwarzer Pfeffer
Außerdem: Fett für die Auflaufform

Zubereitungszeit: 60 Minuten

Ich teile die Leber in zwölf gleichgroße Stücke und wende sie in einer Mischung aus Salz und reichlich schwarzem Pfeffer. Dann weiche ich das Schweinenetz ein paar Minuten in warmem Wasser ein. Danach breite ich es so weit wie möglich auf einem Schneidbrett aus und schneide es in zwölf quadratische »Servietten«. Ich setze nun auf jede Serviette ein Lorbeerblatt und ein Leberstück. Dann umwickle ich die Leber mit dem Schweinenetz, so daß kleine, kompakte Täschchen entstehen. Diese zwölf Täschchen setze ich in eine gefettete Auflaufform und verteile die Reste des Schweinenetzes, die beim Zurechtschneiden angefallen sind, darauf. Ich schiebe die Form in den heißen Backofen und backe die Lebertäschchen so lange, bis die Netzhülle goldbraun wird. Heiß servieren.

Gamsschlegel

Karl Unterhofer, Amadé, Bozen

Zutaten für 4 Personen:
1 Gamsschlegel, ca. 1 kg schwer, 100 g Speck, Kalbsknochen, 50 g Butter
Für die Beize: kräftiger Rotwein, 1 Zwiebel, 1 Karotte, 1 Stück Sellerieknolle, 3 Lorbeerblätter, je 1 Teelöffel Wacholderbeeren und schwarze Pfefferkörner, 3 Gewürznelken

Zubereitungszeit: 2 1/2 Stunden
Einwirkzeit der Beize: 3–4 Tage

Frisches Wild hat einen sehr starken und eigenwilligen Geschmack. Damit das Gemsenfleisch nicht allzu streng schmeckt, lege ich es bereits einige Tage vorher in Beize ein. Ich lege das Fleisch in eine Schüssel und schneide die Zwiebel in feine Ringe, die Karotte und das Selleriestück in feine Stifte. Das Gemüse streue ich zusammen mit den Lorbeerblättern, Wacholderbeeren, Pfefferkörnern und Gewürznelken über das Fleisch. Dann begieße ich alles mit so viel Rotwein, daß das Fleisch ganz bedeckt ist, und lasse es einige Tage marinieren.
Vor der Zubereitung nehme ich das Fleisch aus der Beize, trockne es ab und spicke es mit Speck. Dann brate ich es in einer Kasserolle in der Butter zusammen mit den Speckresten und kleingehackten Kalbsknochen (die geben einen schönen Saucenfond) rundherum kräftig an. Dann lösche ich es mit Rotwein ab, lasse den Wein einkochen und gieße dann die Beize auf. Ich nehme die Hitze zurück, decke den Braten zu und schmore ihn langsam weich. Abschließend streiche ich die Sauce durch ein Sieb, lasse sie kurz aufwallen und serviere sie heiß zum Fleisch.
Als Beilage kann man Polenta oder auch Erdäpfelblatteln (Rezepte Seite 102 und 82) reichen.

»Geheimnis«
Goulasch

Louis Agostini, Kaiserkron, Bozen

Gulasch war in Bozen als sogenanntes »Voressen« sehr beliebt. Mit Voressen bezeichnete man ein Zwischengericht, das man im Laufe des Vormittags einnahm. Die Bozener Geschäftsleute sperrten gegen 11 Uhr kurzerhand ihre Läden zu, gingen ins nächste Wirtshaus und ließen sich eine kleine Portion Gulasch servieren. Den Namen »Geheimnis« erhielt das Gericht schließlich, weil die Portion in der Regel aus einem einzigen Würfel Fleisch, einer frisch gewirkten Semmel und einer Unmenge an Sauce bestand. Und niemand konnte sich erklären, wie so wenig Fleisch so viel Sauce hervorbringen konnte... Louis verrät Ihnen hier allerdings das Rezept für ein Gulasch mit mehr Fleisch.

Zutaten für 6 Personen:
knapp 1 kg Kalbfleisch (aus der Schulter), 250 g Zwiebeln, 4 Eßlöffel Öl, Salz, 1 Eßlöffel Paprika, 1 Teelöffel Tomatenmark, etwas Mehl, Fleischbrühe, 100 ml Sahne, etwas Zitronensaft, 1 Knoblauchzehe

Zubereitungszeit: 2 Stunden

Das Kalbfleisch schneide ich in Stücke von je ca. 60 Gramm und stelle diese beiseite. Ich hacke die Zwiebeln fein und glase sie in einem Topf in Öl an, dann gebe ich die Fleischwürfel dazu und brate sie rundherum leicht an. Dann würze ich sie mit Salz und Paprika, gebe das Tomatenmark dazu (ich rühre es vorher mit etwas lauwarmem Wasser geschmeidig) und bestäube das Fleisch mit ein wenig Mehl. Nun gieße ich die Brühe an, decke das Fleisch zu und lasse es schön langsam schmoren. Nach einer bis eineinhalb Stunden nehme ich das Fleisch heraus und stelle es warm, damit ich die Sauce mit Sahne verfeinern kann. Dann streiche ich die Sauce durch ein Sieb, gebe das Fleisch wieder in den Topf, gieße die passierte Sauce darüber, lasse alles noch einmal aufkochen und schmecke mit dem Zitronensaft und der gepreßten Knoblauchzehe ab.

Grostoi salati con bistecca
Schnitzel mit gefüllten Teigtaschen

Angelina Pedron, Trient

Grostoi sind hervorragend für die verschiedensten Füllungen geeignet und lassen sich als Vorspeise und als aparte Beilage zu gebratenem Fleisch oder Fisch servieren.

Zutaten für 4 Personen:
4 Kalbsschnitzel, 1 Ei, Paniermehl
Für die Grostoi: 200 g Weizenmehl, Salz, 20 g Butter,
1/2 Tasse Milch, Salz, 6 Sardellen, in Salz eingelegt
Außerdem: Öl zum Ausbacken

Zubereitungszeit: 40 Minuten

Da der Teig eine Stunde ruhen muß, bereite ich ihn zuerst vor. Dafür häufe ich Mehl auf eine Arbeitsfläche, forme in der Mitte eine Vertiefung, in die ich das Salz, Butterflöckchen und zunächst nur wenig Milch hineingebe. Ich verknete die Zutaten mit den Händen und füge nach und nach so viel Milch dazu, bis ein kompakter Teig entsteht. Diesen Teig knete ich weiter, bis er schön geschmeidig wird, forme ihn zu einer Kugel und stelle ihn beiseite. Ich decke ihn mit einem Küchentuch ab, damit er keinen Luftzug abbekommt, denn das würde ihn ruinieren, und lasse ihn mindestens eine Stunde ruhen. In der Zwischenzeit paniere ich die Schnitzel und bereite die Sardellen vor: Ich muß die Fische unter fließendem Wasser entsalzen und filetieren, dann hacke ich sie in feine Stücke. Nach einer Stunde rolle ich den Teig gleichmäßig dünn aus und teile ihn in zwei Hälften. Eine Hälfte bestreiche ich gleichmäßig mit dem Sardellenhack, die andere Hälfte lege ich dann oben drauf und drücke sie mit den Handinnenflächen gut fest. Mit einem Teigrädchen oder einem scharfen Messer schneide ich beliebige Formen aus und backe sie in heißem Öl aus. Sobald sie goldbraun sind, hebe ich sie mit einer Kelle heraus und lasse sie auf Küchenkrepp abtropfen. Ich serviere sie heiß zu den Schnitzeln, die ich in der Zwischenzeit ebenfalls in einer Pfanne gebraten habe.

Hirschragout süß-sauer

Louis Agostini, Kaiserkron, Bozen

Zutaten für 4 Personen:
750 Hirschschulter, 1 l Cabernet, 2–3 Eßlöffel Mirepoix, Essig (vorzugsweise Balsamicoessig), 1 Karotte, 1 Zwiebel, 1 Selleriestange, 2 Eßlöffel Öl, 3 Eßlöffel Mehl, Salz, 1/4 l Brühe, 100 g Korinthen, 100 g Pinienkerne, etwas Butter

Zubereitungszeit: 2 Stunden
Einwirkzeit der Beize: mindestens 3 Tage

Die Hirschschulter wird wie ein Gulasch in grobe Würfel geschnitten und in eine Beize gelegt: Ich übergieße die Fleischwürfel mit dem Cabernet, füge etwas Mirepoix und ein paar Spritzer Balsamicoessig hinzu und lasse das Hirschfleisch mindestens drei Tage ziehen.
Vor der Zubereitung nehme ich das Fleisch heraus, trockne es sorgfältig und reibe es mit Salz ein. Die Beize stelle ich beiseite, denn ich brauche sie noch zum Kochen. Dann hacke ich das Gemüse fein und dünste es im Öl kurz an. Ich wende die Fleischwürfel in Mehl und gebe sie dem Gemüse bei. Ich brate sie rundherum kräftig an; wenn sie Farbe bekommen haben, gieße ich die Beize an und lasse sie langsam schmoren. Wenn der Sud einreduziert ist, gieße ich mit einem Viertelliter Brühe auf. Jetzt rühre ich auch die Korinthen und Pinienkerne ein und lasse alles weiterschmoren, bis das Fleisch schön weich ist. Zum Schluß verfeinere ich das Ganze mit etwas Butter.
Als Beilage Spätzle oder Knödel servieren.

Mirepoix bereite ich aus einer kleinen Karotte, etwas Sellerieknolle, einer kleinen Zwiebel sowie Lorbeer und Thymian zu. Ich würfle Gemüse und Kräuter ganz fein und dünste sie in Butter.

Kaiserschnitzel

Paula Federa, St. Ulrich

Mancherorts nennt man dieses Gericht auch »Napoleonschnitzel«, denn es soll an die Herrschaft des Franzosenkaisers erinnern, der mehr als einmal in die bewegte Geschichte Italiens und des Trentino eingegriffen hat.

Zutaten für 4 Personen:
4 Kalbsschnitzel, Salz, Pfeffer, 1 Handvoll Kapern, (vorzugsweise in Salz eingelegt), 1 unbehandelte Zitrone, 200 ml Sahne, nach Belieben ein paar Spritzer Weißwein
Außerdem: Butter zum Braten

Zubereitungszeit: 40 Minuten

Einfacher kann ein Hauptgericht kaum zuzubereiten sein! Ich klopfe die Schnitzel mit einem Fleischklopfer flach und würze sie mit Salz und Pfeffer. Dann brate ich sie in der heißen Butter auf beiden Seiten durch, nehme sie wieder aus der Pfanne und stelle sie warm. Nun schneide ich die Zitrone in schmale Scheiben, die ich wiederum in Streifen schneide, und dünste sie zusammen mit den gewaschenen Kapern in der Pfanne an. Wenn Sie wollen, können Sie den Saucenfond mit Weißwein ablöschen, bevor Sie die Sahne aufgießen.
Ich gieße nun die Sahne dazu, schmecke noch kurz mit Salz und Pfeffer ab, lasse alles gut durchwärmen und nehme die Sauce vom Herd. Ich verteile sie auf den Schnitzeln und serviere.

Kalbsbeuscherl
Kalbslunge

Paula Federa, St. Ulrich

Zutaten für 4 Personen:
1 kg Kalbslunge, 30 g Butter, 1 gehäufter Teelöffel Zucker, etwas Mehl
Für die Beize: 1/4 l Rotwein, etwas Essig und Kochsud, 1 Zwiebel, 1 Zitronenscheibe, Pfefferkörner, Korianderkörner, 3 Gewürznelken, 1 Lorbeerblatt, Salz

Zubereitungszeit: insgesamt 2 Stunden
Einwirkzeit für die Beize: 24 Stunden

Bevor ich die Lunge in die Beize legen kann, muß ich sie in Salzwasser weichkochen. Die genaue Garzeit hängt von der Größe der Lungenstücke ab, die je nach Metzgerei sehr unterschiedlich ausfallen.
Die weichgekochte Lunge schneide ich in kleine Streifen und gebe sie in eine Terrine. Ich schneide die Zwiebel in feine Ringe und verteile sie über die Lunge, ebenso die Zitronenscheibe, die Pfefferkörner, den Koriander, die Gewürznelken und das Lorbeerblatt. Das alles übergieße ich mit dem Rotwein, einem Schuß Essig und einer oder zwei Kellen Kochsud, bis alles schön bedeckt ist. In dieser Beize lasse ich die feingeschnittene Lunge über Nacht ziehen.
Am nächsten Tag erhitze ich Butter in einem Topf, streue Zucker und Mehl ein und lasse alles leicht braun werden. Diese Mehlschwitze gieße ich mit einem Großteil der Beize auf, dann gebe ich die feingeschnittene Lunge dazu und lasse alles noch einmal kurz aufkochen.
Als Beilage passen Semmelknödel am besten.

Kalbskopf sauer

Paula Federa, St. Ulrich

Zutaten für 4 Personen:
1/2 Kalbskopf, 2 Stangen Sellerie, 2 Karotten, 2 Zwiebeln, 1 Handvoll Pfefferkörner, 1 Lorbeerblatt, Salz
Außerdem: 2 Zwiebeln, Essig, Öl

Zubereitungszeit: 2 Stunden

Zunächst muß der Kalbskopf gründlich gesäubert werden. Ich wasche ihn mit warmem Wasser, trockne ihn ab und entferne die Borsten. Dann koche ich ihn in reichlich Wasser zusammen mit den Gemüsen und Gewürzen weich. Nach etwa einer Stunde nehme ich ihn heraus und löse ihn noch warm aus. Mit den Fleischstücken lege ich eine rechteckige Auflaufform aus; ich lasse das Fleisch erkalten und fest werden. Dieser Teil des Kalbs enthält sehr viel Kollagen, so daß das Fleisch praktisch von alleine geliert.
Ich schneide den so vorbereiteten Kalbskopf in Scheiben und serviere ihn sauer. Dazu schneide ich die Zwiebeln in feine Ringe, drapiere sie auf den lauwarmen Fleischscheiben (vor dem Servieren leicht anwärmen – das macht den Geschmack ungleich raffinierter) und würze sie mit Essig und Öl.

Sie können die Kalbskopfscheiben auch in Ei und Semmelbröseln panieren und mit einer Remouladensauce servieren (Rezept für die Remouladensauce auf Seite 124).

Kalbsnierchen

Paola Obletter, Sterzing

Zutaten für 4 Personen:
3 Kalbsnieren, 1/2 l Buttermilch, Öl, 1 Zwiebel,
1 Knoblauchzehe, 1 Schuß Weinessig, 1 Teelöffel Mehl,
1 Tasse Brühe, Salz, Pfeffer
Außerdem: 1 Handvoll Petersilie

Zubereitungszeit: 30 Minuten

Zubereitet ist dieses Gericht in Windeseile, nur für das Reinigen der Kalbsnieren sollten Sie sich Zeit nehmen. Sie haben manchmal einen relativ strengen Geruch und Geschmack, der nicht jedermanns Sache ist. Ich wasche sie deshalb sorgfältig und lege sie dann für ein paar Stunden in Buttermilch ein, was ihren Eigengeschmack auf ein allgemein erträgliches Maß abmildert. Dann wasche ich sie nochmals, tupfe sie trocken und schneide sie in feine Scheiben. Ich hacke die Zwiebel und den Knoblauch fein und glase beides in Öl an. Nach ein paar Minuten gebe ich die Nierenscheiben dazu und brate sie bei kräftiger Hitze von beiden Seiten an. Wenn sie Farbe bekommen haben, lösche ich mit dem Essig ab, bestäube die Nieren leicht mit Mehl und gieße sie schließlich mit Brühe auf. Jetzt muß ich nur noch mit Salz und Pfeffer abschmecken. Ich zerzupfe die Petersilie grob und streue sie vor dem Servieren auf die Nierchen.

Etwas zarter im Geschmack fallen die Nierchen aus, wenn Sie sie mit Wein anstelle von Essig zubereiten.

Kohlrabi gedünstet

Giliola Bonmasser, St. Johann

Zutaten für 4 Personen:
4 Kohlrabi, 50 g Butter, 1 Eßlöffel Zucker, 2 Eßlöffel Mehl, 100 ml Sahne, Salz, Pfeffer

Zubereitungszeit: 90 Minuten

Ich wasche und putze die Kohlrabi und lege die Blätter beiseite, die man gut in einer Gemüsesuppe mitkochen kann. Die Kohlrabi schneide ich in Würfel. In einer Kasserolle erhitze ich die Butter, streue den Zucker ein und lasse ihn bei kleiner Flamme langsam karamelisieren. Dann gebe ich die Kohlrabiwürfel dazu und bestäube sie mit Mehl. Ich würze mit Salz und Pfeffer und dünste die Kohlrabi rundherum an. Ich gieße eine Tasse Wasser auf und lasse die Kohlrabi etwa eine Stunde lang bei milder Hitze und geschlossenem Deckel schmoren. Falls nötig, gieße ich etwas Flüssigkeit nach. Wenn die Kohlrabi gar sind, salze ich nach und rühre die Sahne unter.

Krauttorte

Louis Agostini, Kaiserkron, Bozen

Zutaten für 12 Personen:
200 g Blätterteig, 500 g Sauerkraut, 1 Zwiebel, 100 g Speck, 80 g Graukäse, 50 g Butter
Für die Royalmasse: 1/4 l Sahne, 1/4 l Milch, 8 Eigelb, 100 g geriebener Parmesan, Salz, Pfeffer
Außerdem: Fett für die Form

Zubereitungszeit: 2 1/2 Stunden

Eigens für die Krauttorte einen Blätterteig herzustellen ist sehr zeitaufwendig. Ich empfehle Ihnen daher, Tiefkühlblätterteig zu verwenden.
Ich hacke die Zwiebel fein und dünste sie in der Butter goldgelb. In der Zwischenzeit schneide ich den Speck und den Käse zu Würfeln, hacke das Kraut grob und gebe alles zur Zwiebel, sobald sie die richtige Färbung angenommen hat. Ich schwenke alle Zutaten kurz durch und lasse sie dann abkühlen.
Ich rolle nun den Teig möglichst dünn aus und lege eine gefettete Kuchenform damit aus. Ich steche am Tortenboden mit den Zinken einer Gabel oder mit einer Stricknadel kleine Löcher ein und lasse den Teig eine halbe Stunde im Kühlschrank ruhen.
Jetzt muß ich nur noch die Royalmasse zubereiten: Dazu genügt es, einfach alle Zutaten sorgfältig miteinander zu verrühren.
Nun fülle ich die Krautmasse in die Kuchenform und begieße sie mit der Royalmasse. Jetzt kann ich die Torte bei 160° backen. Nach 75 Minuten ist sie fertig.

Lammzunge mit Rohnen (rote Bete)

Karl Unterhofer, Amadé, Bozen

Zutaten für 4 Personen:
8 Lammzungen, 2 Karotten, 1 Stange Sellerie, 1 Handvoll Petersilie, 1 Lorbeerblatt, ein paar Pfefferkörner, 1 Zwiebel, 4 rote Bete
Für die Sauce: 1 Teelöffel Meerettich, Salz, Pfeffer, Olivenöl, Weinessig, Schnittlauch

Zubereitungszeit: 90 Minuten

In einem Topf koche ich die roten Bete weich. In einem zweiten Topf koche ich die Lammzungen zusammen mit dem anderen Gemüse, das ich nur grob zerkleinere. Sobald sie weich sind, nehme ich sie heraus, schrecke sie kurz unter kaltem Wasser ab, damit ich sie häuten kann und lege sie wieder in den Kochsud. In der Zwischenzeit schäle ich die roten Bete, schneide sie in dünne Scheiben und lege damit kranzförmig vier Teller aus. Dann nehme ich die Lammzungen aus dem Sud, schneide sie in mundgerechte Stücke und verteile diese auf den Rote-Bete-Scheiben. Ich salze sie abschließend und serviere sie mit einer Sauce, die ich aus dem Meerettich, Öl, Essig, Salz und Pfeffer sowie feingehacktem Schnittlauch gerührt habe.

Martinigans

Paola Obletter, Sterzing

Das Fest des Hl. Martin ist von großer Bedeutung im volkstümlichen Kalender. Nicht nur Umzüge zu Ehren des ritterlichen Heiligen, der seinen Mantel mit einem Bettler teilte, sind am 11. November an der Tagesordnung. Lange Zeit war Martini auch für Bauern und Knechte der Termin, an dem die letzte Rate für die vergangene Ernte und die erste Rate für die gerade eingefahrene Ernte bezahlt wurde. Und so etwas mußte gefeiert werden!

Zutaten für 6 Personen:
1 Gans, küchenfertig vorbereitet, ca. 3 kg schwer, je nach Größe 3–4 Äpfel, Salz, Pfeffer, 2 Zwiebeln, 1 Tasse Wasser

Zubereitungszeit: 4 Stunden

Damit die Gans schön durchziehen kann, bereite ich sie meistens schon am Abend vorher zu. Dann muß ich sie am nächsten Tag nur noch ins Rohr schieben.
Ich wasche die Gans sorgfältig aus und trockne sie mit einem Küchentuch ab. Fettlappen schneide ich ab, werfe sie aber nicht weg, sondern brate sie am nächsten Tag mit. Dann reibe ich die Gans innen und außen gründlich mit Salz und Pfeffer ein. Nun brauche ich sie nur noch mit den Äpfeln zu füllen. Ich nehme am liebsten eine kräftige Sorte mit intensivem Geschmack, beispielsweise Boskop. Ich schäle die Äpfel und schneide sie in kleine Stückchen und fülle sie in den Bauch der Gans. Die Gans sollte gut gefüllt sein, denn die Äpfel fallen beim Garen etwas zusammen. Mit einem kräftigen Küchenzwirn nähe ich die Gans sorgfältig zu. Ich lege sie bereits auf den Bratrost und stelle sie an einen kühlen Ort.
Am nächsten Tag dann schiebe ich sie in das heiße Backrohr. Dazu schneide ich die beiseite gestellten Fettlappen in kleine Stücke (das geht übrigens am einfachsten mit einer guten Haushaltsschere) und verteile sie auf der Gans. Das Fett kann so ausbraten und macht das Fleisch schön saftig.

In die Saftpfanne gieße ich eine Tasse Wasser. Ich wende den Vogel regelmäßig und begieße ihn Außerdem von Zeit zu Zeit, damit er nicht austrocknen kann. Wenn die Gans sehr fett ist, steche ich die Haut mit den Zinken einer Gabel an, damit das überschüssige Fett ausbraten kann. Erst etwa eine Stunde bevor die Gans gar ist, teile ich die Zwiebeln in Achtel und gebe sie in die Saftpfanne des Ofens. Sie sollen ja nur für die Sauce mitbraten und nicht verbrennen! Nach rund drei Stunden ist die Gans gar und knusprig braun.
Aus dem Bratenfond bereite ich eine Sauce. Dazu gieße ich die Flüssigkeit aus der Saftpfanne in einen Topf um, schöpfe das Fett ab und lasse sie einmal kurz aufkochen. Wenn nötig, binde ich sie noch ein wenig, damit sie schön sämig wird.
Ich serviere die Gans mit Blaukraut (Rezept auf Seite 112) und Selleriesalat (Rezept auf Seite 123).

Patate alla contadina
Kartoffeln nach Bauernart

Barbara Rossi, Nogaredo

Es ist kein Geheimnis, daß im Trentino die Frauen für die einfacheren Gerichte zuständig sind, während die männlichen Köche meist raffiniertere Rezepte zur Hand haben. Dies liegt nicht zuletzt daran, daß die Männer Kochen als Beruf erlernt haben, die Frauen darin »nur« eine Fortsetzung ihrer hausfraulichen Aufgaben sahen. Und die Bauersfrauen hatten, da sie sich auch noch um die Kinder und den Bauernhof kümmern mußten, weder die Zeit noch die Geduld für ausgefeilte Speisen.

Zutaten für 6 Personen:
1 kg Kartoffeln, 500 g reife Tomaten, 2 Knoblauchzehen, 1 Handvoll frische Kräuter, Brühe, 4 Eßlöffel Olivenöl, Salz, Pfeffer

Zubereitungszeit: 2 Stunden

In einer großen Auflaufform erhitze ich das Olivenöl und dünste Knoblauch und Kräuter darin an. Wenn der Knoblauch glasig wird, gebe ich die Kartoffeln dazu, die ich geschält und in grobe Stücke geschnitten habe. Unter ständigem Rühren und Wenden röste ich sie im Öl an. Nach ein paar Minuten gebe ich die gehäuteten und entkernten Tomaten in die Form, würze mit Salz und Pfeffer und gieße so viel Brühe an, daß Kartoffeln und Tomaten bedeckt sind. Ich decke die Form zu und lasse alles bei leiser Hitze schmoren. Von Zeit zu Zeit rühre ich um und gieße etwas Brühe nach, wenn die Sauce zu dick wird. Ich schmore das Gericht ganz langsam weiter, bis ich es auf den Tisch bringe. Ein Teil der Kartoffeln kann dabei gut zu Brei zerkochen.
Früher setzte man den geschlossenen Bräter oder Kessel einfach in eine Ecke des Ofens oder in die Glut und ließ die Kartoffeln vor sich hin schmoren. Die Hitze der Aschenglut war dafür genau richtig. Mit einem modernen Herd geht das nicht mehr so einfach! Deshalb Vorsicht beim Dosieren!

Peverada con lucaniche
Marksauce mit Lucanica-Würsten

Wanda Zani, Trattoria Novecento, Rovereto

Zutaten:
Rindermark (ersatzweise auch Butter), pro Person 1 Handvoll Semmelbrösel, entsprechend Fleischbrühe, Salz, frisch gemahlener schwarzer Pfeffer
Außerdem: pro Person 1 Lucanica-Wurst

Zubereitungszeit: 2 Stunden

Das Mark verleiht der Sauce ihre cremige Konsistenz. Da es auch sehr fett ist, kann man es notfalls auch durch Butter ersetzen.
Ich schabe das Mark aus den Knochen und lasse es in einer kleinen Pfanne schmelzen. Die Creme, die dabei entsteht, gieße ich durch ein Sieb in eine größere Pfanne. Dann rühre ich die Semmelbrösel hinein, gieße die Brühe auf und würze mit Salz und reichlich Pfeffer. Ich lasse die Flüssigkeit aufkochen und dann bei milder Hitze etwa zwei Stunden lang leise weiterköcheln.
In der Zwischenzeit halbiere ich die Lucanica-Würste (ersatzweise können Sie auch Bratwürste mit grobem Brät verwenden) der Länge nach und brate sie entweder auf dem Grill oder in der Pfanne. Wenn die Peverada die Konsistenz einer dicklichen Creme hat, ist sie fertig und kann über die Würste gegossen werden.

Die Peverada ist sehr vielseitig. Sie paßt auch gut zu gesottenem Rindfleisch, zu gebratenem Kaninchen oder Wild.

Pfifferlinge

Karl Unterhofer, Amadé, Bozen

Zutaten für 4 Personen:
800 g Pfifferlinge, 1 kleine Zwiebel, 2 Knoblauchzehen, 50 g Butter, 1 Teelöffel Mehl, 1/2 Glas Weißwein, Petersilie, Thymian, Salz, Pfeffer, eventuell etwas Brühe

Zubereitungszeit: 45 Minuten

Mit einem scharfen Messer putze ich die Pfifferlinge und stelle sie dann beiseite. Ich hacke die Zwiebel und den Knoblauch fein und dünste sie in der Butter an. Dann gebe ich die Pfifferlinge dazu, röste sie kurz an und bestäube sie mit dem Mehl. Dann lösche ich die Pilze mit Weißwein ab. Wenn die Pilze zu trocken werden sollten, gieße ich etwas Brühe an und lasse sie schmoren. In der Zwischenzeit hacke ich die Kräuter fein und stelle sie beiseite. Zum Schluß würze ich die Pfifferlinge mit Salz und Pfeffer und bestreue sie mit den feingehackten Kräutern.

Polenta

Ada Chiesa Rappo, Trient

Polenta ist aufgrund ihrer Vielseitigkeit aus der Küche des Trentino nicht wegzudenken. Bereits zur Zeit der Fürstbischöfe, als Amerika noch nicht entdeckt und der Mais deshalb in Europa noch nicht bekannt war, sprach man bereits von »Polenda«. Damit bezeichnete man einen Brei aus Hirse, Gerste, Buchweizen oder Emmer, der mit Butter oder Eiern gegessen wurde. Heute versteht man unter einer klassischen Polenta immer einen Maisbrei. Ada Chiesa Rappo nennt Ihnen hier das Grundrezept.

Zutaten für 6 Personen:
500 g Maismehl, 2 l Wasser, Salz

Zubereitungszeit: 60 Minuten

Viel Kraft und Geduld braucht man, um eine gute Polenta zu machen. Denn sie muß ständig gerührt werden, damit erstens der Mais keine Klümpchen bildet und zweitens sich der Brei nicht am Topfboden anlegen kann. Das Rühren ist, vor allem, wenn der Brei einzudicken beginnt, recht kraftaufwendig. In Italien gibt es daher bereits spezielle Polenta-Rührgeräte. Der Aufwand lohnt sich in jedem Fall, denn Polenta ist der ideale Begleiter zu fast allen Fleischgerichten des Trentino.

Ich bringe das Wasser in einem großen Topf zum Kochen und salze es. Dann lasse ich langsam und unter ständigem Rühren das gesiebte Maismehl hineinrieseln. Ich rühre so lange weiter, bis die Polenta die richtige Konsistenz hat. Das dauert eine Stunde. Sie können selbst entscheiden, ob sie eine cremigere oder festere Polenta bevorzugen. Die feste Polenta läßt sich auch am nächsten Tag noch verwenden: Man schneidet sie in Scheiben und röstet sie in Öl oder Butter.

Wenn die Polenta fertig ist, verteile ich sie mit einem Holzlöffel auf die Teller. Wenn die Konsistenz es erlaubt, können Sie sie auch auf ein großes Holzbrett stürzen und mit einem Küchenzwirn zerteilen.

Die folgenden Rezepte zeigen Ihnen einige typische Variationsmöglichkeiten für Polenta, wenn Sie sie nicht nur als Beilage, sondern als eigenständiges Gericht servieren wollen:

Polenta e formaggio
Polenta mit Käse

Ada Chiesa Rappo, Trient

Zutaten für 4 Personen:
Polenta, 200 g Käse (z.B. Grana Trentino, Graukäse)

Zubereitungszeit: 60 Minuten

Damit die Käsepolenta auch richtig deftig schmeckt, nehme ich kräftigen Käse aus der Region. Meistens mische ich zwei oder drei Sorten. Sehr gut schmeckt die Polenta auch mit Gorgonzola. Ich schneide den Käse in Würfel und stelle ihn beiseite. Dann bereite ich die Polenta nach dem vorhergehenden Rezept zu. Etwa zehn Minuten, bevor sie fertig ist, gebe ich die Käsewürfel dazu, die im heißen Maisbrei schmelzen und Fäden ziehen. Dann rühre ich die Polenta wie gewohnt fertig und serviere sie.

Polenta e funghi
Polenta mit Pilzen
Ada Chiesa Rappo, Trient

Zutaten für 4 Personen:
Polenta
400 g frische Pilze, 1 Zwiebel, 50 g Butter, 2 Eßlöffel Weizenmehl, Salz, Pfeffer

Zubereitungszeit: 45 Minuten

Ideal für dieses Gericht sind frische gemischte Pilze, die Sie von einem Waldspaziergang mit nach Hause bringen. Steinpilze eignen sich ebenfalls hervorragend.
Ich putze die Pilze mit einem scharfen Messer und schneide sie in Würfel, die ganz kleinen Pilze lasse ich ganz. Ich hacke die Zwiebel sehr fein und glase sie in der Butter an. Dann rühre ich das Mehl ein. Wenn es beginnt, bräunlich zu werden, gebe ich die Pilze ebenfalls in die Pfanne. Ich brate sie bei starker Hitze, damit das Wasser, das aus ihnen austritt, schnell verdunsten kann. Dann nehme ich die Hitze wieder etwas zurück, würze mit Salz und Pfeffer und schmore die Pilze gar.
Die Polenta bereite ich nach dem genannten Rezept auf Seite 102 zu. Dann richte ich die Pilze auf der Polenta an und serviere sie.

Polenta e latte
Polentascheiben in Milch
Ada Chiesa Rappo, Trient

Zutaten für 4 Personen:
Feste Polenta vom Vortag, 1 l Milch, Öl

Zubereitungszeit: 15 Minuten

Dies ist als schnelles Gericht für den Hunger zwischendurch gedacht. Ich schneide dazu die Polentareste in vier Scheiben von der Größe einer Zigarettenschachtel und brate sie. Dabei sollen sie außen schön kroß werden, aber innen noch weich bleiben. Mit den gebratenen Polentascheiben lege ich vier Schälchen aus und gieße die Milch darüber.

Polenta di patate
Kartoffelpolenta
Fausto Isolani, Trient

Zutaten für 4 Personen:
1 kg mehligkochende Kartoffeln, 50 g grobes Maismehl,
50 g Buchweizenmehl, eventuell etwas Milch,
60 g Bauchspeck, 1 große Zwiebel, 30 g Butter, Salz, Pfeffer

Zubereitungszeit: 90 Minuten

Ich schäle die Kartoffeln und koche sie in Salzwasser weich. Ich püriere sie noch warm und gebe den Kartoffelbrei anschließend in einen großen Polentakessel. Nach und nach rühre ich die beiden Mehlsorten ein. Wenn der Brei zu fest werden sollte, füge ich etwas warme Milch hinzu. Den Brei lasse ich etwa eine halbe Stunde weiterkochen. Er ist fertig, wenn er sich vom Topf löst. In der Zwischenzeit hacke ich den Bauchspeck und die Zwiebel fein und dünste sie in der Butter. Ein paar Minuten, bevor die Polenta fertig ist, mische ich Speck und Zwiebel darunter. Ich schmecke mit Salz und Pfeffer ab und serviere.

Polenta smalzada
Polenta aus Buchweizenmehl

Fausto Isolani, Trient

Zutaten für 4 Personen:
1 l Wasser, 300 g Buchweizenmehl, 1 Glas trockener Weißwein, 6 Sardellen, in Salz eingelegt, 40 g Butter

Zubereitungszeit: 70 Minuten

In einem Polentakessel oder einem großen Kochtopf bringe ich das Wasser zum Kochen, salze es und lasse dann das Mehl hineinrieseln. Dabei rühre ich ständig mit einem Holzlöffel um, damit das Mehl keine Klümpchen bildet. Ich rühre die Polenta etwa 40 Minuten und gieße während des Kochens nach und nach den Weißwein hinein. Dann putze ich die Sardellen, filetiere sie und schneide sie klein. Das Sardellenhack lasse ich in einer kleinen Pfanne in der Butter auf ganz kleiner Flamme schmelzen, bis es zu Sauce geworden ist. Mit dieser Sardellensauce richte ich die einzelnen Polentaportionen an. Als Beilage kann man Blattsalate reichen.

Pollo ripieno con castagne
Hähnchen mit Maronenfüllung

Ada Chiesa Rappo, Trient

Nicht nur Enten und Gänse kann man mit Kastanien füllen, auch ein einfaches Hähnchen wird dadurch zum regelrechten Festtagsbraten.

Zutaten für 4 Personen:
1 schönes Hähnchen, küchenfertig und ca. 1200–1500 g schwer, 1 Brötchen vom Vortag, etwas Milch, 300 g Maroni, 1 Lorbeerblatt, 1 Ei, 1 Handvoll geriebener Granakäse (oder Parmesan), Muskat, Salz, Pfeffer, 1 Handvoll Petersilie, etwas Öl

Zubereitungszeit: 2 Stunden

Zunächst bereite ich die Kastanien vor. Ich koche sie dazu in leicht gesalzenem Wasser weich. Den Kochsud aromatisiere ich Außerdem mit einem Lorbeerblatt. In der Zwischenzeit säubere ich das Hähnchen und reibe es innen und außen kräftig mit Salz und Pfeffer ein. Das Brötchen weiche ich in ein wenig Milch ein. Wenn die Kastanien weich sind, gieße ich sie ab und pelle sie mit einem spitzen Messer. Dann gebe ich sie in eine Schüssel und zerdrücke sie mit einem Kartoffelstampfer. Ich vermenge sie mit dem eingeweichten und gut ausgewrungenen Brötchen, gebe das Ei, den geriebenen Käse und die feingehackte Petersilie dazu und vermische alles zu einer gleichmäßigen Masse, die ich abschließend mit Salz, Pfeffer und geriebener Muskatnuß abschmecke. Diese Kastanienmasse fülle ich nun in das Hähnchen. Dann nähe ich das Hähnchen mit Küchenzwirn sorgfältig zu und brate es in einer Pfanne rundherum an. Sobald es eine schöne Farbe angenommen hat, schiebe ich es in einer Bratenform ins Rohr und gare es dort noch etwa 50 Minuten.
Ich drapiere das Hähnchen auf einer Platte und zerteile es vor den Augen der Tischgenossen. Da sich die Füllung beim Braten fest mit dem Hähnchen verbindet, läßt sie sich gut mittranchieren.

Porcini e patate
Steinpilzpfanne mit Kartoffeln

Piero Paoletti, Albergo Accademia, Trient

Zutaten für 6 Personen:
600 g Steinpilze oder gemischte Pilze, 6 mittelgroße, eher festkochende Kartoffeln, 2 Knoblauchzehen, 1 kleine Zwiebel, etwas Butter und Olivenöl, etwas trockener Weißwein, Salz, Pfeffer, 1 Handvoll Petersilie

Zubereitungszeit: 60 Minuten

Während ich die Kartoffeln mit der Schale vorkoche, bereite ich die Pilze zu. Ich putze sie mit einem Küchenmesser, entferne damit Erdkrümel und weniger schöne Stellen und reibe sie, wenn nötig, mit einem Küchentuch ab. Dann schneide ich sie in dünne Scheiben und stelle sie kurz beiseite. Ich hacke die Zwiebel und den Knoblauch fein und glase sie in einer weiten Pfanne in Butter und Olivenöl an. Wenn sie schön golden geworden sind, gebe ich die Pilze in die Pfanne und dünste sie bei kräftiger Hitze mit. Die Hitze ist wichtig, damit das Wasser, das beim Braten aus den Pilzen austritt, schnell verdunsten kann. Dann lösche ich sie mit ein paar Spritzern Weißwein ab. Wenn die Kartoffeln fast gar sind, gieße ich sie ab und pelle sie. Ich schneide sie in mundgerechte Stückchen und rühre sie unter die Pilze. Ich schwenke sie so lange, bis die Kartoffeln den Pilzgeschmack angenommen haben und vollends gar sind. Ich würze die Mischung mit Salz und Pfeffer. Vor dem Servieren bestreue ich die Pfanne mit feingewiegter Petersilie.

Porcini impanati
Panierte Steinpilze

Domenica Pedrini, Az. agr. Pravis, Lasino

Zutaten für 4 Personen:
400 g Steinpilze, Semmelbrösel, 1 Ei, Salz, Pfeffer, etwas Butter zum Braten

Zubereitungszeit: 45 Minuten

Es versteht sich fast von selbst, daß dieses Rezept mit kleinen Pilzen ein äußerst mühevolles Unterfangen wäre. Am besten eignen sich große Pilze, die regelrechte »Schnitzel« abgeben.
Ich putze die Pilze und schneide sie in Scheiben von einem halben Zentimeter Stärke. Dann verquirle ich das Ei mit Salz und Pfeffer. Nun muß ich die Pilzscheiben nur noch in Ei und Semmelbrösel wenden und in etwas Butter braten.
Als Beilage passen Blattsalate.

Punta di vitello ripiena
Gefüllte Kalbsbrust
Ada Chiesa Rappo, Trient

Zutaten für 8 Personen:
1 schöne Kalbsbrust, küchenfertig vorbereitet, Salz, Pfeffer, 1 Zwiebel, 1 Karotte, 1 Selleriestange, Öl, 1 Teelöffel Mehl, 1 Glas Weißwein, Fleischbrühe
Für die Füllung: 3 Brötchen vom Vortag, 1/4 l Milch, 100 g gekochter Schinken, 50 g Butter, 4 Eier, 1 Eßlöffel feingehackte Petersilie, 1–2 Handvoll Semmelbrösel, Salz, Pfeffer, Muskat

Zubereitungszeit: 2 1/2 Stunden

Normalerweise lasse ich mir die Kalbsbrust gleich vom Metzger so zuschneiden, daß ich sie füllen kann. Ich reibe sie innen und außen mit Salz und Pfeffer ein. Ich stelle sie beiseite, solange ich die Füllung zubereite. Für die Farce weiche ich die Brötchen in Milch ein. In der Zwischenzeit schneide ich den Schinken ganz fein und vermenge ihn mit der Butter und den Eiern. Dann füge ich die feingehackte Petersilie und die eingeweichten und gut ausgewrungenen Brötchen zu. Ich verknete alles mit den Händen zu einer gleichmäßigen Masse. Damit sie nicht zu naß wird, streue ich nun auch die Semmelbrösel ein. Abschließend schmecke ich das Ganze mit Salz, Pfeffer und Muskat ab. Ich fülle die Farce in die Fleischtasche und nähe diese mit einem Küchenfaden sorgfältig zu. Nun erhitze ich das Öl in einem Bräter und brate die gefüllte Kalbsbrust von allen Seiten kräftig an. Ich hacke die Zwiebel, die Karotte und die Selleriestange fein und dünste sie mit dem Fleisch mit. Sobald alles eine schöne Farbe bekommen hat, gieße ich den Wein an, lasse ihn einkochen und gieße anschließend mit Fleischbrühe auf. Das Ganze lasse ich nun bei mäßiger Hitze und geschlossenem Topfdeckel etwa zwei Stunden schmoren. Dabei gieße ich von Zeit zu Zeit etwas Brühe nach.
Vor dem Servieren schneide ich die Kalbsbrust in Scheiben und begieße sie mit der Bratensauce.

Pustertaler Kartoffelauflauf

Rosa Schmieder, Innichen

Dieses Rezept ist ideal, um Reste von Suppenfleisch oder Braten zu verwerten. Fleisch war lange Zeit nur selten auf den Speisezetteln der Bauern zu finden, weshalb sie die verschiedensten Zubereitungen ersannen, um möglichst lange in den Genuß der begehrten und kostbaren Zutat zu kommen. Rosa verrät Ihnen hier ihr Rezept:

Zutaten für 6 Personen:
6 Scheiben gekochtes Rindfleisch, 12 mittelgroße Kartoffeln, Salz, Pfeffer, Muskat, 200 ml Sauerrahm, 1 Eßlöffel Sahne
Außerdem: Butter für die Form

Zubereitungszeit: 90 Minuten

Ich fette eine große Auflaufform ein und lege sie mit den gekochten Fleischscheiben aus. Dann schäle ich die Kartoffeln mit dem Sparschäler und schneide oder hoble sie in feine Scheiben. Ich verteile die Kartoffelscheiben auf dem Fleisch, würze sie mit Salz, frisch gemahlenem Pfeffer und Muskat. Meist ist der Sauerrahm stichfest; deshalb verrühre ich ihn mit etwas flüssiger Sahne (ein Eßlöffel genügt in der Regel) und gebe ihn dann erst über die Kartoffeln. Jetzt schiebe ich die Auflaufform ins Rohr. Die Garzeit richtet sich natürlich nach der Stärke der Kartoffelscheiben und nicht zuletzt nach der Kartoffelsorte. Meistens ist das Gericht nach etwa einer Stunde fertig.

Rehnüßchen mit Blaukraut

Karl Unterhofer, Amadé, Bozen

Zutaten für 4 Personen:
8 kleine Rehnüßchen (aus dem Schlegel schneiden), Speck, Salz, Pfeffer, 2 Eßlöffel Öl, Weinbrand, Butter
Für das Blaukraut: 1 Kopf Blaukraut, Rotwein, Salz, Zucker, 1 Birne, 1 kleine Zwiebel, etwas Butter, etwas Brühe

Zubereitungszeit: 60 Minuten
Einweichzeit für das Kraut: einige Stunden

Am besten bereiten Sie das Kraut schon am Abend vorher vor oder vormittags, wenn Sie abends kochen wollen. Ich hoble das Kraut fein, gebe es in eine Schüssel, streue Salz und Zucker darüber, hebe die in feine Scheiben geschnittene Birne unter und übergieße es mit Rotwein. Am nächsten Tag dann oder am Abend hacke ich die Zwiebel fein und dünste sie in Butter an. Wenn sie glasig geworden ist, gebe ich das Kraut dazu, schwenke es kurz und gieße dann den Wein und eventuell noch etwas Brühe an. Bei leiser Flamme lasse ich es langsam weich dünsten.
Währenddessen bereite ich das Fleisch zu. Ich klopfe die Rehnüßchen flach, spicke sie mit Speck, würze sie und brate sie in heißem Öl schnell an, aber nicht ganz durch. Ich gieße das Öl ab und lösche das Fleisch mit Weinbrand. Dann hebe ich die Rehnüßchen heraus und richte sie auf einer Platte an. Den Saucenfond verfeinere ich mit etwas Butter und gieße ihn über das Fleisch. Jetzt kann ich Rehnüßchen und Blaukraut servieren.

Rinderschmorbraten in St. Magdalena

Karl Unterhofer, Amadé, Bozen

Zutaten für 4–6 Personen:
1 kg Rinderbraten (Tafelspitz), 100 g Räucherspeck, etwas Butter, ca. 800 g Kalbsknochen, 1 Zwiebel, 2 Karotten, 1 Stück Sellerieknolle, 1 Stück Petersilienwurzel, 1 Lorbeerblatt, ein paar ganze Pfefferkörner, frisch gemahlener Pfeffer, Salz, 1 l Südtiroler Rotwein (St. Magdalena), eventuell etwas Speisestärke

Zubereitungszeit: 2 Stunden

Tafelspitz ist wunderbar mageres Fleisch, gerade deshalb besteht aber auch leicht die Gefahr, daß es austrocknet. Damit es trotzdem saftig bleibt, spicke ich es vor dem Braten mit dem Räucherspeck. Dann reibe ich das Fleisch auf allen Seiten gut mit Salz und Pfeffer ein und brate es rundherum kräftig an. Wenn es eine schöne Farbe bekommen hat, lege ich es in einen passenden Bratentopf. Nun hacke ich die Zwiebel und das Wurzelgemüse fein und dünste es in etwas Butter an. Auch die Kalbsknochen (vom Metzger bereits kleinhacken lassen!) röste ich in einer Pfanne ab – sie geben einen kräftigen Bratenfond. Ich verteile nun das gedünstete Gemüse mit den Pfefferkörnern und dem Lorbeerblatt über das Fleisch, gebe auch die Knochen dazu und lasse alles gut heiß werden. Jetzt gieße ich den Wein und etwas Knochenbrühe auf, decke den Braten zu und lasse ihn im Rohr oder auf kleiner Flamme etwa eineinhalb Stunden schmoren. Wenn das Fleisch gar ist, streiche ich die Sauce durch ein Sieb, lasse sie einmal kurz aufkochen und binde sie, wenn sie mir zu flüssig erscheint, mit etwas Speisestärke. Ich schneide den Braten in Scheiben, verteile die Sauce darüber und serviere ihn. Als Beilage kann man Knödel oder Nudeln reichen.

Rindswade in Biersauce

Louis Agostini, Kaiserkron, Bozen

Zutaten für 6 Personen:
1 Rindswade, ca. 1,5 kg schwer, 200 g Speck in Streifen, 750 g Zwiebeln, 30 g Butter, 2 Eßlöffel Öl, 1 l Bier, 1 l Brühe, 50 g Senf, Thymian, 1 Teelöffel Speisestärke, Salz, Pfeffer

Zubereitungszeit: 2 1/2 Stunden

Damit die Rindswade nicht zu trocken gerät, spicke ich sie vor dem Braten mit den Speckstreifen. Dann hacke ich die Zwiebeln klein und dünste sie in einem Bräter in Butter und Öl, bis sie schön braun sind. Sie können auch noch ein paar Zwiebelschalen mit dazugeben, denn die geben der Sauce später eine schöne Farbe. In der Zwischenzeit salze ich die Rindswade und brate sie von allen Seiten kräftig an. Dann lege ich das Fleisch zu den Zwiebeln in den Bräter und lösche es mit dem Bier (dunkles Bier eignet sich am besten). Ich lasse das Bier etwa 15 Minuten einkochen, bevor ich die Brühe aufgieße. Diese Flüssigkeit binde ich mit ein wenig Speisestärke. Jetzt muß ich nur noch mit Senf und Thymian abschmecken und das Fleisch fertigschmoren lassen. Dazu decke ich den Bräter zu und schiebe ihn ins Rohr oder lasse den Braten auf kleiner Flamme auf dem Herd garen. Das dauert etwa zwei Stunden. Dabei muß ich den Braten von Zeit zu Zeit wenden. Wenn das Fleisch gar ist, nehme ich es heraus und stelle es warm. Die Sauce streiche ich durch ein Sieb und verfeinere sie unter Umständen mit ein wenig Butter. Ich schneide das Fleisch in Scheiben, richte es auf einer Bratenplatte an und begieße es mit der Biersauce.
Als Beilage eignen sich Schupfnudeln, Spätzle oder Semmelknödel.

Rotolo di cervella
Kalbshirnroulade

Angelina Pedron, Trient

Zutaten für 4 Personen:
1 Kalbshirn, 1 Zwiebel, 25 + 25 g Butter, 100 g Weizenmehl, 4 Eier, 1 Eßlöffel gehackte Petersilie, Salz
Außerdem: etwas Öl, ein paar Spritzer Zitronensaft oder Essig, Backpapier

Zubereitungszeit: 60 Minuten

Zuerst bereite ich einen sogenannten »Soffritto« zu. Dafür hacke ich die Zwiebel ganz fein und dünste sie in einem Teil Butter an. Während ich die gedünstete Zwiebel wieder abkühlen lasse, trenne ich die Eier. Dann gebe ich das Eigelb und das Mehl zur Zwiebel, salze die Mischung und verrühre sie gut. Dann schlage ich das Eiklar zu Schnee und hebe es vorsichtig unter. Der Teig ist jetzt fertig. Ich kleide eine Auflaufform mit Backpapier aus und bepinsle es mit Öl. Das Papier ist wichtig; denn es hilft mir nachher, den Teig leichter aus der Form zu lösen. Nun gieße ich den Teig in die Form und streiche ihn mit einem Messer glatt. Die Form kommt jetzt in den 200° heißen Ofen, damit der Teig goldbraun backen kann.
In der Zwischenzeit widme ich mich dem Kalbshirn. Ich wasche es unter fließendem Wasser, dann tauche ich es zwei bis drei Minuten in kochendes Wasser, das ich mit ein paar Spritzern Zitronensaft oder Essig gesäuert habe. Dann schrecke ich es unter kaltem Wasser wieder ab, damit ich es häuten kann. Anschließend schneide ich es in kleine Würfel, die ich in der restlichen Butter zusammen mit der gehackten Petersilie brate. Nach knapp zehn Minuten salze ich das Hirn und nehme es vom Herd.
Jetzt gehe ich wieder an den Teig. Ich stürze ihn auf eine Arbeitsfläche und bestreiche ihn mit der Hirnmasse. Dabei lasse ich an den Rändern etwa zwei Zentimeter frei. Nun rolle ich den Teig, der noch warm sein sollte, fest zusammen. Die Roulade ist nun fertig. Ich schneide sie in Scheiben und serviere sie.

Will ich ein leichtes Hauptgericht, so reiche ich Blattsalate dazu. Die Hirnroulade eignet sich auch gut als Suppeneinlage, wenn Sie eine etwas gehaltvollere Vorspeise aus diesem Rezept machen wollen: Einfach die Rouladenscheiben auf Suppenteller verteilen und mit heißer Fleischbrühe übergießen. In Italien streut man geriebenen Käse gern auch in klare Suppen – das verleiht der zarten Hirnroulade einen angenehm kräftigen Geschmack.

Salame di verza al forno
Wirsingroulade

Ada Chiesa Rappo, Trient

Zutaten für 4 Personen:
große Wirsingblätter
Für die Füllung: 400 g Hackfleisch, 1 Zwiebel, 1 eingeweichtes Brötchen, 2 Eier, 2 Eßlöffel Sahne, Salz, Pfeffer, eventuell 1 Handvoll gekochte Kastanien
Außerdem: etwas Butter, 1 Tasse Brühe, 3–4 Tomaten

Zubereitungszeit: 75 Minuten

Im Unterschied zu den Kohlrouladen wird bei diesem Rezept eine große Roulade geformt und nicht aus jedem Kohlblatt eine Rolle gewickelt. Ich brauche also so viele Wirsingblätter, daß ich damit ein Küchentuch dicht belegen kann. Ich wasche die Blätter und blanchiere sie in kochendem Wasser. Ich lasse sie kurz abtropfen und schichte sie schuppenartig auf ein Küchentuch. Dabei drücke ich den Strunkansatz flach, damit er später beim Aufrollen nicht stört.

Nun bereite ich die Füllung zu. Es muß übrigens nicht immer Hackfleisch sein. Dieses Rezept eignet sich ausgezeichnet, Fleischreste zu verstecken; gerade in einer Osteria hat man oft Bratenreste oder Gesottenes vom Vortag. Sie können beispielsweise auch ein wenig Wurstbrät unter die Fleischmasse mischen – Ihrer Phantasie sind keine Grenzen gesetzt. Für die Füllung vermenge ich das Fleisch – welches nun auch immer, nur fein gehackt muß es sein – mit dem eingeweichten Brötchen, den Eiern und der Sahne zu einer gleichmäßigen Masse, die ich mit Salz und Pfeffer würze. Eine besonders feine Geschmacksnote bekommt die Füllung, wenn Sie ein paar weichgekochte und pürierte Kastanien unterheben.

Die Füllmasse streiche ich nun auf das Bett aus Wirsingblättern. Ich wickle die Blätter zu einer Roulade zusammen. Diese »Wirsingsalami« schneide ich in gut fingerdicke Scheiben und schichte sie mit Hilfe einer Spachtel in eine gefettete Auflaufform.

Ich tauche die Tomaten kurz in heißes Wasser, damit ich sie häuten kann, schneide sie in grobe Würfel und verteile diese auf den Rouladenscheiben. Dann gieße ich die Brühe an und schiebe das Ganze in den vorgeheizten Backofen. Während des Backens übergieße ich die Rouladenscheiben immer wieder mit ihrem eigenen Bratensaft. In rund 40 Minuten sind sie gar und schön gebräunt. Vor dem Servieren setze ich noch ein paar Butterflöckchen auf die »Salamischeiben«.

Die Füllmasse eignet sich übrigens auch ausgezeichnet für Paprikaschoten, Zwiebeln und verschiedene andere Gemüsesorten.

Schinkenfleckerl

Paula Federa, St. Ulrich

Zutaten für 4 Personen:
Für den Teig: 250 g Mehl, 2 Eier, Salz
Für den Auflauf: 100 g Butter, 3 Eier, 150 ml Sahne, 200 g gekochter Schinken, 1 Handvoll geriebener Käse, 1/2 l Béchamel, Salz, Muskat, Majoran
Außerdem: Butter für die Form, 50 g zerlassene Butter, 1 Handvoll geriebener Käse zum Überbacken

Zubereitungszeit: 90 Minuten

Zunächst bereite ich den Teig für die »Fleckerl« zu. Ich häufe das Mehl in eine Schüssel und vermenge sie mit den Eiern und einer Prise Salz. Ich verknete die Zutaten so lange, bis ein gleichmäßiger Teig entsteht. Diesen Teig rolle ich auf einer bemehlten Arbeitsfläche möglichst dünn aus. Mit einem Teigrädchen schneide ich den Teig in unregelmäßige Rechtecke (»Fleckerln«), die ich sofort in reichlich Salzwasser koche. Nach zwei bis drei Minuten gieße ich sie ab und lasse sie abkühlen. Dabei darauf achten, daß sie nicht aneinanderkleben. Am besten breitet man die Nudelblätter auf einem feuchten Tuch aus.
Anschließend bereite ich die restlichen Zutaten für den Auflauf zu. Ich trenne die Eier und stelle das Eiklar beiseite. Das Eigelb rühre ich mit der Butter in einer großen Schüssel schaumig, dann füge ich die Sahne und den geriebenen Käse zu. Ich schneide den Schinken in kleine Würfel und hebe ihn auch unter die Eiermasse. Aus etwas Butter, Mehl und Milch bereite ich die Béchamel zu, rühre sie ebenfalls ein und würze dann die ganze Masse mit Salz, Muskat und Majoran. Nun hebe ich auch die Nudeln unter und vermische sie gut mit der Würzmasse. Abschließend schlage ich das Eiklar zu Schnee und ziehe es vorsichtig unter.
Jetzt kann ich eine Auflaufform einfetten und die Masse hineinfüllen. Ich verrühre den geriebenen Käse mit der zerlassenen Butter, gieße die Mischung über den Auflauf, den ich im heißen Rohr knappe 20 Minuten überbacke.

Schöpsernes
Hammelbraten

Karl Unterhofer, Amadé, Bozen

Zutaten für 4 Personen:
1 kg Hammelfleisch, Salz, Pfeffer, Öl, 1–2 Eßlöffel Mehl, 800 g Kartoffeln, 2 Zwiebeln, 1 Zweig Rosmarin, ein paar Salbei- und Lorbeerblätter, 2 Knoblauchzehen, 1 l kräftiger Rotwein, eventuell etwas Brühe

Zubereitungszeit: 2 Stunden

Für ein Schöpsernes nehme ich am liebsten gut abgehangenes Hammelfleisch aus der Schulter. Ich schneide es in drei bis vier große Scheiben, reibe diese mit Salz und Pfeffer ein, wende sie kurz in Mehl und brate sie auf beiden Seiten in heißem Öl kräftig an. In der Zwischenzeit schneide ich die Zwiebeln in feine Ringe, hacke den Knoblauch fein und dünste beides in etwas Öl in einem Bräter an. Wenn die Hammelscheiben schön braun geworden sind, schichte ich sie in diesen Bräter und streue die Gewürze darüber. Ich lasse alles zusammen noch einmal kurz anbraten und lösche dann mit dem Rotwein (ein St. Magdalena oder ein Teroldego eignen sich besonders gut) ab. Ich decke das Fleisch zu und lasse es eine gute Stunde bei leiser Flamme schmoren. Sollte die Flüssigkeit zu stark einkochen, gieße ich eine Kelle voll Brühe nach. Währenddessen schäle ich die Kartoffeln und schneide sie in kleine Würfel. Ich brate sie mit etwas Rosmarin in einer Pfanne. Wenn sie goldgelb geworden sind, gebe ich sie zum Hammelfleisch und lasse alles zusammen schön weichdünsten.
In dem Bräter servieren.

Sella di capriolo al marzemino
Rehrücken in Marzemino

Wanda Zani, Trattoria Novecento, Rovereto

Bereits Mozarts Don Giovanni wußte einen guten Marzemino zu schätzen, wie sich in seiner Arie anläßlich der reich gedeckten Tafel vernehmen läßt: »Versa il vino, eccellente Marzemino / Schenk mir Wein ein, exzellenter Marzemino!«

Zutaten für 4 Personen:
1 Rehrücken (ca. 200 g Fleisch pro Person), etwas Mehl, etwas Butter und Öl, 1 Glas Marzemino,
Für den Saucenfond: 1 Karotte, 1 Zwiebel, 1 Selleriestange, 3 Eßlöffel Olivenöl, 2 Eßlöffel Mehl, knapp 1 Flasche Marzemino, eventuell etwas Brühe

Zubereitungszeit: 2 Stunden

Meist liefern uns die Jäger ein ganzes Reh, das wir Stück für Stück zerlegen und verarbeiten. Sie können sich den Rehrücken aber auch bereits in der Wildhandlung auslösen lassen. Lassen Sie sich jedoch unbedingt die zerkleinerten Knochen und Fleischreste mitgeben, denn die brauchen Sie für den Fond, den Sie wunderbar bereits vorher zubereiten können:
Ich gebe das Öl in eine Bratenform – sie sollte so bemessen sein, daß sie ins Backrohr paßt. Dann hacke ich die Karotte, die Zwiebel und die Selleriestange fein und gebe sie zusammen mit den zerkleinerten Knochen in die Bratenform. Ich erhitze alles zusammen und brate es kräftig an. (Dabei umrühren, damit sich nichts anlegt.) Ich stäube das Mehl darüber und brate es mit, bis es beginnt, braun zu werden. Dann lösche ich mit Marzemino (1 Glas von der Flasche abgießen und für den Braten beiseite stellen) und schiebe die Bratenform in den Ofen, wo ich die Mischung mindestens eine Stunde lang schmoren lasse. Falls sie zu trocken wird, gieße ich etwas Wasser oder Fleischbrühe nach. Ich lasse die Mischung abkühlen und streiche sie durch ein Sieb. Sie ist nun fertig.

Das Rehfleisch selbst ist im Nu gar, so daß es erst unmittelbar vor dem Essen zubereitet wird. Ich wende das Fleisch in Mehl und brate es in einem ofenfesten Bräter in Öl an. Wenn es Farbe bekommen hat, lösche ich es mit dem restlichen Glas Marzemino ab und schiebe es in den Ofen. Dort gare ich es bei 180° zehn Minuten: Es ist wichtig, daß Sie das Fleisch nicht zu lange im Ofen lassen, denn es sollte innen noch schön rosa bleiben. Dann nehme ich es aus dem Rohr und stelle es warm. Den Bratenfond verrühre ich nun mit der Sauce, die ich bereits fertig vorbereitet habe, und verfeinere das Ganze mit ein wenig Butter. Nun schneide ich das Fleisch in Scheiben, richte diese auf einer Bratenplatte an und begieße sie mit der Sauce. Ich serviere den Rehrücken am liebsten mit Buttergemüse.

Hirsch können Sie im Prinzip nach demselben Rezept zubereiten. Ich serviere ihn mit kräftigem Rotkraut und Polenta.

Selleriesalat

Paola Obletter, Sterzing

Von Sellerie sagt man, er habe so wenig Kalorien, daß man mehr davon verbraucht als sich zuführt, wenn man ihn ißt. Das mögen wir einmal dahingestellt sein lassen, fest steht jedenfalls, daß er einen köstlichen Salat abgibt, der gern als Beilage zu Rindfleisch oder Gänsebraten gereicht wird.

Zutaten für 4 Personen:
1 große Sellerieknolle, Salz, Pfeffer, Weinessig, Öl

Zubereitungszeit: 20 Minuten

Ich reinige die Sellerieknolle von den gröbsten Unreinheiten, dann schneide ich sie in Scheiben von rund einem Zentimeter Stärke. Das geht übrigens am einfachsten mit einer Brotschneidemaschine. Diese Scheiben »entrinde« ich mit einem scharfen Küchenmesser. Wenn die Selleriescheiben sehr groß ausfallen, halbiere ich sie. Sonst lasse ich sie ganz und koche sie in Salzwasser weich. Mit einer Schaumkelle hebe ich sie heraus und schichte sie in eine Schüssel. Ich gieße sie mit so viel Kochflüssigkeit auf, daß sie gerade davon bedeckt sind. Ich würze den Sud mit Pfeffer, Essig und Öl und lasse den Salat ein paar Stunden ziehen. Besonders gut schmeckt der Salat, wenn man ihn vor dem Servieren leicht anwärmt.

Sellerieschnitzel

Paola Obletter, Sterzing

Zutaten für 4 Personen:
2 Sellerieknollen, Salz, Pfeffer, 1 Ei, Paniermehl
Für die Remouladensauce: 2 Eigelb, 1/4 l Öl, der Saft einer halben Zitrone, 1 Teelöffel Senf, Kapern, Petersilie
Außerdem: Öl zum Braten

Zubereitungszeit: 45 Minuten

Zunächst wird der Sellerie von den gröbsten Unreinheiten gereinigt. Dann schneide ich ihn auf der Brotschneidemaschine in fingerdicke Scheiben. Erst dann schäle ich mit einem Küchenmesser die Rinde ab, denn das geht einfacher, als wenn man die ganze Knolle schälen muß. Ich verquirle das Ei mit Salz und Pfeffer und tauche die Selleriescheiben kurz ein. Dann wende ich sie im Paniermehl und brate sie im heißen Öl.
Ich serviere die Sellerieschnitzel mit Remouladensauce:
Dafür schlage ich aus den beiden Eigelb, dem Öl und dem Zitronensaft eine Mayonnaise, die ich mit dem Senf verfeinere. Dann hacke ich Kapern und Petersilie ganz fein und ziehe sie unter die Mayonnaise.

Sguazzett alla trentina
Geschmorte Innereien nach der Art des Trentino

Ada Chiesa Rappo, Trient

»Sguazzett« ist ein Ausdruck aus dem Dialekt und bedeutet in etwa »Tunke«. In der Tat stippte man früher Weißbrotscheiben in die Innereien. In der Zwischenzeit hat sich der Sguazzett zu einem eigenständigen Gericht entwickelt, das sich hervorragend mit eher neutralen Beilagen wie Polenta oder Salzkartoffeln kombinieren läßt.

Zutaten für 4 Personen:
Leber, Herz, Nierchen, Lunge vom Lamm oder Ziegenkitz, insgesamt ca. 600 g Innereien, 1 große Zwiebel, ein paar Salbeiblätter, 3 Eßlöffel Olivenöl, 1 Glas trockener Weißwein, Brühe, 2 Eßlöffel Mehl oder etwas Speisestärke

Zubereitungszeit: 30 Minuten

Die Innereien schneide ich in kleine Streifen, die Zwiebel und die Salbeiblätter hacke ich fein. Ich dünste alles zusammen in einer Pfanne in Olivenöl an. Wenn die Innereien Farbe angenommen haben, lösche ich sie mit Weißwein ab. Ich lasse den Wein einkochen und gieße dafür etwas Brühe auf und schmore die Innereien gar. Damit der Sguazzett eine schön sämige Konsistenz bekommt, binde ich ihn abschließend mit etwas Mehl oder Speisestärke.

Smaccafam

Wanda Zani, Trattoria Novecento, Rovereto

»Hungertöter« könnte die deutsche Übersetzung für »Smaccafam« lauten. In der Tat handelt es sich dabei um einen äußerst gehaltvollen Auflauf, der früher aus Buchweizenmehl, heute meist aus Weizenmehl zubereitet wird. Wanda Zani verrät Ihnen beide Versionen:

Zutaten für 4–6 Personen:
600 g feines Weizenmehl, 1 l Milch, 1 Eßlöffel Olivenöl, Salz, 4 Lucanica-Würste oder grobes Wurstbrät von 4 dicken Bratwürsten, 100 g geräucherter Bauchspeck
Außerdem: etwas Butter, Mehl für die Form

Zubereitungszeit: 60 Minuten

Ich häufe das Weizenmehl in eine Schüssel und übergieße es mit der Milch. Dabei muß ich kräftig umrühren, damit ein glatter Brei entsteht und sich keine Klümpchen bilden. Dann rühre ich das Öl ein und schmecke mit Salz ab. Ich fette eine Auflaufform mit Butter ein, bestäube sie mit Mehl und fülle die Teigmasse hinein. Über dem Teig verteile ich die etwa fingerdicken Scheiben der Lucanica-Würste. Wenn Sie keine Lucaniche bekommen können, nehmen Sie Bratwürste mit groben Brät. Zerpflücken Sie es mit einer Gabel und streuen Sie es über den Teig. Dann schneide ich den Bauchspeck in kleine Würfel und streue diese ebenfalls über den Teig. Nach Belieben kann man jetzt noch ein paar Butterflöckchen obendrauf setzen. Dann schiebe ich den Smaccafam in den heißen Backofen und gare ihn etwa 45 Minuten, bis er schön goldbraun wird.

Smaccafam con grano saraceno
Buchweizen-Smaccafam

Wanda Zani, Trattoria Novecento, Rovereto

Zutaten für 4 Personen:
300 g Buchweizenmehl, 1/4 l Milch oder Brühe, 2 Lucanica-Würste oder 2 dicke Bratwürste mit grobem Brät,
50 g Speck, Salz, Pfeffer
Außerdem: Fett für die Form

Zubereitungszeit: 60 Minuten

Mit einem Schneebesen rühre ich das Buchweizenmehl in die Milch oder Brühe ein. Ich schneide eine Lucanica in kleine Würfel und brate sie in einer Pfanne an. Ich schneide den Speck ebenfalls in kleine Würfel und gebe ihn mit in die Pfanne, bis er leicht gebräunt ist. Diese Mischung rühre ich unter den Buchweizenteig, den ich, wenn es nötig sein sollte, mit Salz und Pfeffer abschmecke (Speck und Lucanica sind meistens schon sehr kräftig gewürzt). Den Teig fülle ich in eine gut gefettete Form. Ich schneide die zweite Wurst in Scheiben und lege sie obendrauf. Auch diese Version wird etwa 45 Minuten im heißen Ofen gebacken, bis sie schön knusprig aussieht.

Spargel mit Bozner Sauce

Louis Agostini, Kaiserkron, Bozen

Zutaten für 4 Personen:
1,5 kg weißer Spargel
Für die Sauce: 4 Eier, 1 Bund Schnittlauch, 1/8 l Öl, 1 Eßlöffel Weinessig, eventuell 1 Teelöffel Senf

Zubereitungszeit: 60 Minuten

Ich schäle den Spargel und koche ihn in Salzwasser so lange, bis er zwar weich, aber noch bißfest ist. In der Zwischenzeit bereite ich die Sauce zu. Dazu koche ich die Eier hart, schrecke sie unter kaltem Wasser ab und schäle sie. Ich trenne die Eidotter vom Weißen und streiche die Eidotter durch ein ganz feines Sieb. Die passierten Eidotter verschlage ich mit dem Öl. Dann hacke ich das Eiweiß fein, rühre es unter das Eigelb und würze es mit Salz, Pfeffer und dem Weinessig. Man kann die Sauce zusätzlich noch mit Senf verfeinern. Abschließend hacke ich den Schnittlauch ganz fein und hebe ihn unter die Sauce. Wenn der Spargel weich ist, gieße ich ihn ab und richte ihn mit der Sauce an.

Spargel mit Eiern ist auch im Trentino eine beliebte Kombination. Vergleichen Sie dazu das Rezept »Uova e asparagi« auf Seite 142.

Spargel mit Teigtaschen

Louis Agostini, Kaiserkron, Bozen

Als regelrechte Spargelsymphonie könnte man Louis' Komposition aus weißem und grünem Spargel – beide Sorten gedeihen in der Gegend um Bozen – und goldgelben Teigtäschchen bezeichnen.

Zutaten für 4 Personen:
pro Person je 4 grüne und weiße Spargelstangen
Für den Nudelteig: 300 g Mehl, 2–3 Eier, Salz
Für die Nudelfüllung: 150 g Mascarpone, 1 Handvoll Basilikumblätter, 80 g geriebener Käse, 1 Brötchen vom Vortag, in etwas Sahne eingeweicht, Salz, Pfeffer
Außerdem: 1 Ei zum Bestreichen, geriebener Käse und Butter zum Servieren

Zubereitungszeit: 90 Minuten

Zuerst bereite ich den Nudelteig vor. Ich häufe das Mehl auf eine Arbeitsfläche, forme in der Mitte eine Vertiefung, salze und schlage die Eier hinein. Nach und nach verarbeite ich diese Zutaten zu einem geschmeidigen Teig. Damit er nicht brüchig wird, gebe ich im Bedarfsfall ein paar Tropfen Wasser dazu. Bevor ich den Teig zu Täschchen verarbeite, lasse ich ihn etwa zehn Minuten ruhen.
In der Zwischenzeit bereite ich die Füllung zu. Ich hacke das eingeweichte Brötchen fein und verrühre es sorgfältig mit dem Mascarpone. Ich hacke das Basilikum fein und hebe es zusammen mit dem geriebenen Käse unter die Mascarponemasse. Ich schmecke mit Salz und Pfeffer ab.
Langsam muß ich auch daran denken, den Spargel zu putzen und weichzukochen. Er sollte gleichzeitig mit den Teigtaschen fertig sein.
Nun widme ich mich wieder dem Teig. Ich ziehe ihn auf einer bemehlten Arbeitsfläche möglichst dünn aus und streiche ihn mit einem verquirlten Ei ein, das später sozusagen als Klebstoff dient. Dann teile ich den Teig in zwei gleiche Hälften. Mit einem Teelöffel häufe ich im Abstand von etwa 5 cm kleine Portionen von der Füllung auf die

eine Teighälfte. Dann lege ich die andere Teighälfte darüber und drücke sie in den Zwischenräumen gut fest. Mit einem Teigrädchen oder einer Keksform trenne ich die einzelnen Teigtäschchen ab. Sie sollten dann nach Möglichkeit auch gleich weiterverarbeitet werden, da sie sonst klebrig werden. Also sofort im Salzwasser kochen und vor dem Servieren gut abtropfen lassen.

Ich richte den gekochten, aber noch leicht bißfesten Spargel an, wobei ich abwechselnd eine weiße und eine grüne Spargelstange strahlenförmig auf die eine Tellerhälfte drapiere. Auf die andere Tellerhälfte gebe ich die Teigtaschen. Nun übergieße ich die Portionen mit zerlassener Butter und bestreue sie mit geriebenem Käse.

Sülze

Paula Federa, St. Ulrich

Paula Federa zeigt Ihnen hier ihr Grundrezept für eine echte Schweinesülze. Nach Belieben können Sie die Sülze mit hartgekochten Eiern, in Essig eingelegtem Gemüse usw. garnieren.

Zutaten für 4 Personen:
1 Schweineohr, 1 Rüssel, Füßchen, 200 g Bauchfleisch,
1 Zwiebel, 2 Gewürznelken, 1 l Wasser, Weinessig, Salz

Zubereitungszeit: 2 1/2 Stunden

Ich erhitze das Wasser, das ich mit einem ordentlichen Schuß Essig und Salz gewürzt habe. Ich spicke die Zwiebel mit den beiden Gewürznelken und gebe sie in den Sud. Noch bevor das Wasser aufkocht, nehme ich die Hitze wieder zurück, lege das Fleisch hinein und lasse es etwa zwei Stunden in diesem Sud ziehen. Dann löse ich das Fleisch aus und schneide es in kleine Stücke, die ich auf Portionstellern verteile oder in eine große Schüssel lege. Je nach Geschmack kann man jetzt noch Essiggurken oder in Scheiben geschnittene hartgekochte Eier darüber verteilen. Ich gieße den noch heißen Sud darüber und lasse ihn erkalten, wobei er fest wird.

Strudel di spinaci
Spinatstrudel

Barbara Rossi, Nogaredo

Zutaten für 4 Personen:
Für den Strudelteig: 80 g Butter, 2 Eier, 2 Eßlöffel Mehl
Für die Füllung: 500 g Blattspinat, 1 Eiklar, 1 Handvoll geriebener Granakäse aus dem Trentino (ersatzweise Parmesan), Salz, Pfeffer, Muskat
Außerdem: Fett für das Backblech, geriebener Käse und zerlassene Butter zum Garnieren

Zubereitungszeit: 60 Minuten

Das Ungewöhnliche an diesem Strudelrezept liegt darin, daß Teig und Füllung getrennt zubereitet und nicht gemeinsam gebacken werden. Ich beginne also mit dem Teig. Dafür trenne ich zunächst die Eier und schlage das Eiklar zu Schnee. In einer Schüssel schlage ich Butter und Eigelb schaumig und ziehe dann vorsichtig den Eischnee unter. Mit einem Schneebesen rühre ich das Mehl ein, damit es keine Klümpchen bildet. Diesen Teig streiche ich nun gleichmäßig auf ein gut gefettetes Backblech und backe ihn im Rohr bei 160° etwa 15 Minuten. In der Zwischenzeit verlese ich den Spinat, wasche ihn und gebe ihn nur mit dem Wasser, das vom Waschen noch an den Blättern haftet, in einen großen Topf. Ich dünste ihn weich, lasse ihn gut abtropfen und hacke ihn dann klein. Ich binde ihn mit einem Eiklar und geriebenem Käse. Diese Spinatmasse würze ich mit Salz und Pfeffer und schmecke mit ein wenig geriebener Muskatnuß ab. Ich verteile die Masse auf dem inzwischen fertiggebackenen Strudelteig, den ich sofort aufrolle. Ich schneide einzelne Scheiben davon ab und serviere sie mit geriebenem Käse und zerlassener Butter.

Teneroni di vitello alla trentina
Kalbsbrust nach der Art des Trentino

Ada Chiesa Rappo, Trient

Zutaten für 4 Personen:
800 g Kalbsbrust, 3 Eßlöffel Mehl, 1 Eßlöffel Öl, 35 g Butter, 1 Glas trockener Weißwein, 2 Karotten, 1 Selleriestange, 2 Zwiebeln, 1 Lorbeerblatt, 3 Salbeiblätter, 1/8 l Sahne, Salz, Pfeffer, eventuell etwas Brühe

Zubereitungszeit: 60 Minuten

Ich schneide das Fleisch in etwa zeigefingergroße Streifen und wende sie kurz in Mehl. In einer Pfanne erhitze ich Öl und Butter und brate die Fleischstreifen scharf an. Das ist wichtig, damit sich die Poren sofort schließen und kein Saft austritt. Wenn das Fleisch eine schöne Farbe angenommen hat, bette ich es in eine ofenfeste Form um, die ich zunächst auf die Herdplatte stelle, und lösche es mit dem Weißwein ab, den ich einkochen lasse. In der Zwischenzeit schneide ich die Karotten und die Selleriestange in feine Stifte, die Zwiebel in feine Ringe. Das kleingeschnittene Gemüse gebe ich zusammen mit den Lorbeer- und Salbeiblättern zum Fleisch. Ich schiebe das Ganze in den Ofen, wo ich es eine gute halbe Stunde weiterschmoren lasse. Damit das Fleisch nicht austrocknet, begieße ich es im Bedarfsfall mit einer Kelle Brühe. Wenn das Fleisch gar ist, nehme ich es aus der Form und stelle es warm. Ich streiche das Gemüse durch ein Sieb und lasse es mit der Sauce kurz aufkochen. Jetzt noch mit der Sahne verfeinern und über die Teneroni gießen.

Tiroler Gröstl

Karl Unterhofer, Amadé, Bozen

Zutaten für 4 Personen:
800 g Kartoffeln, 1 Zwiebel, 3 Eßlöffel Öl, 500 g gesottenes Rindfleisch, Salz, Pfeffer, Majoran, 1 Lorbeerblatt, 35 g Butter, Brühe

Zubereitungszeit: 60 Minuten

Zunächst muß ich die Kartoffeln vorkochen. Ich koche sie mit der Schale weich, gieße sie ab und lasse sie etwas auskühlen. Dann schäle ich sie und schneide sie in dünne Scheiben, die ich kurz beiseite stelle. Ich hacke die Zwiebel fein und glase sie im Öl an. In der Zwischenzeit schneide ich das gekochte Rindfleisch in feine Scheiben oder Streifen und gebe es zur Zwiebel, wenn sie schön goldgelb geworden ist. Ich würze mit Salz, Pfeffer, einigen Majoranblättchen und dem Lorbeerblatt. Jetzt kann ich auch die Kartoffeln dazugeben und mitbraten. Ein paar Butterflöckchen verleihen dem Ganzen einen wunderbar zarten Geschmack. Damit das Gröstl nicht zu trocken gerät, gieße ich eine Kelle voll Brühe an und schwenke vor dem Servieren alles darin.

Tiroler Stockfischgröstl

Louis Agostini, Kaiserkron, Bozen

Zutaten für 4 Personen:
1 kg Stockfisch, küchenfertig vorbereitet, 2 Lorbeerblätter, schwarze Pfefferkörner, 1 Eßlöffel gehackte Petersilie, 2 Stangen Sellerie, 1 Zwiebel, 2 mittelgroße Kartoffeln, 1 kleine Selleriewurzel, 1 Eßlöffel Kapern, 400 ml Milch, 30 g Butter, 100 ml Sahne, 1 Glas Weißwein

Zubereitungszeit: 90 Minuten

Wenn Sie nicht tagelang mit dem Wässern und Einweichen von Stockfisch beschäftigt sein wollen, kaufen Sie ihn am besten bereits küchenfertig. Dann brauchen Sie ihn nur noch in heißem – ungesalzenem! – Wasser mit ein paar Lorbeerblättern und ganzen schwarzen Pfefferkörnern kochen. Nach fünf Minuten wieder herausnehmen, abtropfen lassen und die Gräten entfernen. Ist das Thema Stockfisch erledigt, kann ich mich der Zubereitung des Gröstls widmen.
Ich hacke die Zwiebel und den Stangensellerie ganz fein und dünste sie in einem Bräter in Butter an. Dann gebe ich den Stockfisch dazu und lösche ihn mit dem Weißwein ab. Wenn ich die folgenden Zutaten hinzufüge, darf ich nicht umrühren, damit der Stockfisch nicht zerfällt. Ich gebe also die Kapern dazu (wenn sie sehr groß ausfallen, hacke ich sie vorher fein), gieße Milch und Sahne darüber und streue die Petersilie (etwas davon zum Servieren beiseite stellen) hinein. Ich würze mit Salz und Pfeffer und lasse alles zugedeckt 45 Minuten schmoren. Erst dann gebe ich die Kartoffeln und die Selleriewurzel dazu, die ich in der Zwischenzeit in etwa kleinfingerdicke Stücke geschnitten habe. Ich lasse das Ganze eine halbe Stunde langsam weiterschmoren. Vor dem Servieren bestreue ich das Gröstl mit einem Rest gehackter Petersilie und Kapern.

Tonco de pontesel

Ada Chiesa Rappo, Trient

Der Tonco de pontesel zählt zu den ältesten Spezialitäten aus dem Trentino, war er doch bereits im Mittelalter bekannt. Er stammt ursprünglich aus der Valsugana westlich von Trient. »Tonco« ist der Dialektausdruck für Sauce, Tunke; »Pontesel« bedeutet Brücklein. Mit diesem Wort bezeichnet man auch die typischen Balkons der Bauernhäuser, auf denen die Maiskolben zum Trocknen aufgehängt wurden. Und diesen Mais reicht man in Form von Polenta zu der kräftigen Sauce.

Zutaten für 4 Personen:
150 g Tatar vom Kalb, 2 Lucanica-Würste oder große Bratwürste mit grobem Brät, 100 g noch weiche Salami, 100 g Speck, 35 g Butter, 1 Knoblauchzehe, 1 Glas Weißwein, 1 Tasse kräftige Gemüsebrühe, 1 Handvoll Semmelbrösel, schwarzer Pfeffer, 1 Handvoll geriebener Granakäse aus dem Trentino oder Parmesan

Zubereitungszeit: 30 Minuten

Anstelle von rohem Fleisch können Sie für dieses Rezept auch sehr gut Bratenreste oder gesottenes Fleisch verwenden, das Sie durch den Fleischwolf drehen. Ich zerpflücke das Tatar mit einer Gabel, ebenso das Brät der Lucanica und der Salami. Den Speck schneide ich in kleine Würfel. Ich brate alles zusammen mit der feingehackten Knoblauchzehe in der Butter an und lösche es mit dem Weißwein ab, sobald es Farbe bekommen hat. Wenn der Wein eingekocht ist, streue ich die Semmelbrösel ein und gieße mit der Brühe auf. Ich lasse die Mischung etwa zehn bis zwölf Minuten kochen, bis sie ein wenig eingedickt ist. Ich nehme den Tonco vom Herd und serviere ihn mit frisch gemahlenem schwarzem Pfeffer und geriebenem Käse zur Polenta (Rezept auf Seite 102).

Torta di erbe
Gemüsekuchen

Barbara Rossi, Nogaredo

Die Torta di erbe ist extrem vielseitig, weil sie an keine bestimmte Gemüsesorte gebunden ist. Einst war der Kuchen ein typisches Hirtengericht: Wenn man die Herde auf die Weide brachte, sammelte man unterwegs alles an Kräutern, was eßbar war. Heute bäckt man die Torta di erbe meist mit Mangold, Zichorie, Borretsch oder einem Gemisch aus diesen Gemüsesorten; auch mit Artischocken und Zucchini gefüllt ist die Torta ein Genuß. Das einzige Geheimnis steckt im Teig: Er muß leicht und mürbe sein.

Zutaten für 6 Personen:
Für den Teig: 200 g Mehl, 100 ml Olivenöl, Wasser, Salz
Für die Füllung: 800 g Blattgemüse (Mangold, Löwenzahn, Borretsch usw.), 1 Zwiebel, 500 g Blattspinat, 1 Knoblauchzehe, 200 g Kartoffeln, 80 g geriebener Granakäse oder Parmesan, 2 Eier, Olivenöl, Salz, Pfeffer
Außerdem: Fett für die Form

Zubereitungszeit: 90 Minuten

Ich verlese und wasche das Gemüse und gare es nur mit dem Wasser, das vom Waschen noch an den Blättern haftet. In einem zweiten Topf koche ich die geschälten Kartoffeln weich, die ich anschließend mit einer Gabel zerdrücke. Wenn das Gemüse gar ist, lasse ich es gründlich abtropfen, wiege es fein und stelle es kurz beiseite. Nun hacke ich die Zwiebel fein und glase sie kurz im Öl an. Noch bevor sie braun werden kann, füge ich das Gemüse und den feingehackten Knoblauch zu und dünste alles ein paar Minuten. Ich lasse die Gemüsemischung abkühlen und vermenge sie dann mit den Kartoffeln, den beiden Eiern und dem geriebenen Käse zu einer gleichmäßigen Masse, die ich mit Salz und Pfeffer abschmecke.

Nun bereite ich den Teig zu. Damit er schön geschmeidig wird, sollte man mit dem Öl nicht zu sparsam umgehen.

Ich vermische alle Zutaten und knete sie mit den Händen zu einer geschmeidigen Masse. Auf einer bemehlten Arbeitsfläche ziehe ich den Teig möglichst dünn aus und schneide zwei kreisrunde Platten aus, die etwas größer als die Kuchenform bemessen sind. Ich öle die Form ein und lege sie mit dem ersten Teigrad aus, das über den Rand der Kuchenform hinausragen muß. Auf diese Teigunterlage fülle ich die Gemüsemasse und lege die zweite Teigplatte darüber. Ich drücke beide Teigplatten an den Rändern zu einem Kranz fest und streiche sie mit Öl ein. Ich schiebe den Kuchen in den 180° heißen Ofen und backe ihn 30 Minuten, bis der Teig goldgelb ist. Ich lasse den Kuchen ein wenig abkühlen, bevor ich ihn serviere.

Tortél
Kartoffelkuchen

Ada Chiesa Rappo, Trient

Zutaten für 4 Personen:
4 große Kartoffeln, 4 Eßlöffel Sahne, 2 gehäufte Eßlöffel Mehl, Salz, Pfeffer, nach Belieben gewürfelter Bauchspeck
Außerdem: Öl für die Form

Zubereitungszeit: 75 Minuten

Für diesen Kartoffelteig verwendet man ausschließlich rohe Kartoffeln. Ich schäle sie, wasche sie unter fließendem Wasser und trockne sie sorgfältig ab. Jetzt kommt der mühevollste Teil des ganzen Unterfangens, denn die Kartoffeln müssen gerieben werden. Und zwar nicht mit der Küchenmaschine, sondern von Hand, weil das die Konsistenz entscheidend beeinflußt. Die Kartoffeln sollen nämlich nicht gleichmäßig und fein, sondern eher grob und unregelmäßig gerieben sein.
Diese Kartoffelmasse vermenge ich mit der Sahne und dem Mehl. Ich würze den Teig mit Salz und frisch gemahlenem schwarzem Pfeffer. Jetzt kann man auch noch ein paar Bauchspeckwürfel unterheben. Der Teig ist jetzt fertig.
Der Tortél wird nicht wie ein Kuchen, sondern eher wie ein Omelett gebacken. Am besten gelingt er in einer schweren Kupferpfanne. Ich erhitze das Öl und gieße den Teig erst hinein, wenn das Öl wirklich ganz heiß ist. Um die Temperatur des Öls zu prüfen, halte ich den Stiel eines Kochlöffels hinein. Wenn kleine Bläschen daran aufsteigen, ist es heiß genug. Dann lasse ich die Kartoffelmasse langsam und ohne sie zu wenden im Rohr oder auf der Herdplatte durchgaren. Die Tortél ist nach 35 Minuten schön kroß und kann serviert werden.

Trota al cartoccio con erbe
Forelle mit Kräutern in Alufolie

Wanda Zani, Trattoria Novecento, Rovereto

Zutaten für 4 Personen:
4 Forellen à ca. 300 g, 1 vollreife Tomate, Thymian, Estragon, Rosmarin, 1 Knoblauchzehe, ein paar Spritzer trockener Weißwein, Salz, Pfeffer
Außerdem: Alufolie, Olivenöl

Zubereitungszeit: 45 Minuten

Lassen Sie sich die Forellen am besten schon vom Fischhändler putzen und ausnehmen, denn das ist bei diesem an sich schnellen und einfachen Gericht die zeitraubendste Angelegenheit.
Ich breite vier ausreichend große Blätter Alufolie auf einer Arbeitsfläche aus und pinsle sie mit Olivenöl ein. Dann verteile ich die Hälfte der Kräuter und die Tomatenstückchen darauf (Tomate vorher überbrühen, häuten, entkernen und in kleine Würfel schneiden). Auf jedes Kräuterbett lege ich eine gesalzene Forelle, streue etwas frisch gemahlenen Pfeffer und den Rest der Kräuter darüber. Jetzt besprenge ich die Fische mit ein paar Spritzern Weißwein und wickle sie gut in die Alufolie ein. Ich gebe sie nun ins 200° heiße Backrohr und lasse sie 15–18 Minuten lang garen.

Zusammen mit den Kräutern lassen sich auch gut angedünstete und kleingeschnittene Gemüsesorten garen.

Tschutsch
Kartoffelauflauf

Louis Agostini, Kaiserkron, Bozen

Tschutsch ist eine typische Spezialität aus dem Bozner Unterland. Hinter dem Zungenbrechernamen verbirgt sich ein ebenso einfaches wie vielseitiges, omelettartiges Gericht. Meist wird es mit Gemüse oder Blattsalat gegessen.

Zutaten für 6 Personen:
160 g feingeschnittenes Roggenbrot, 300 g rohe Kartoffeln, 1 Zwiebel, 160 g fetter Tiroler Bauernspeck, 1 Ei, 2 Eßlöffel feingehackter Schnittlauch, Salz, Pfeffer
Außerdem: Butter für die Form

Zubereitungszeit: 90 Minuten

Am mühevollsten ist das Reiben der Kartoffeln und der Zwiebel, der Rest erledigt sich praktisch von selbst. Ich schneide den Speck in kleine Würfel und vermenge ihn mit den geriebenen Kartoffeln und der geriebenen Zwiebel. Dann füge ich noch das Ei, Salz, Pfeffer, das Brot und den Schnittlauch dazu und vermenge alles zu einem gleichmäßigen Teig. Ich lasse diesen Teig etwa zehn Minuten ruhen. In der Zwischenzeit buttere ich eine Auflaufform von ca. 30 x 20 cm Seitenlänge ein. Ich verteile den Teig gleichmäßig in der Form, setze ein paar Butterflöckchen darauf und backe den Tschutsch im Rohr bei 150° etwa eine Stunde lang.

Uova e asparagi
Spargelomelett

Wanda Zani, Trattoria Novecento, Rovereto

Zutaten für 4 Personen:
500 g Spargel, 4 Eier, 30 g Butter, 2 Handvoll geriebener Parmesan, Salz, Butterflöckchen

Zubereitungszeit: 45 Minuten

Ich schäle den Spargel und koche ihn in leicht gesalzenem Wasser, bis er weich, aber noch bißfest ist. Oft wirkt der Spargel etwas bitter. Dem kann man leicht Abhilfe schaffen, indem man ein Salatblatt mit ins Kochwasser gibt. Wenn der Spargel soweit ist, hebe ich ihn vorsichtig heraus und stelle ihn warm. Dann brate ich in der Butter vier Spiegeleier. Das Weiße sollte schön fest, das Eigelb noch weich sein. Nun drapiere ich Spargelstangen und Eier in einer Auflaufform, bestreue sie mit reichlich Parmesan und ein paar Butterflöckchen und schiebe das Ganze einige Minuten zum Überbacken in den Ofen.

Wildragout

Oswald Wurzer, Gasthof Lilie, Sterzing

Zutaten für 8 Personen:
1,5 kg Wildschwein- oder Hirschbraten, 1 Zwiebel, 1 Karotte, 1 Selleriestange, 50 g Butter, 1 Glas Rotwein, Brühe
Für die Beize: 1/2 l kräftiger Rotwein, 1 Zwiebel, 1 Karotte, 1 Selleriestange, 1 Lorbeerblatt

Zubereitungszeit: 2 1/2 Stunden
Einwirkzeit für die Beize: 12 Stunden

Da Wild in der Regel einen sehr strengen Geschmack hat, lege ich es mindestens 12 Stunden vor der Zubereitung in eine Beize. Dazu schneide ich die Karotte in dünne Scheibchen, die Selleriestange in feine Stifte und die Zwiebel in feine Ringe. Ich verteile das kleingeschnittene Gemüse über dem Fleisch, begieße es mit dem Rotwein, so daß es vollständig bedeckt ist, und aromatisiere die Beize mit einem Lorbeerblatt.
Am nächsten Tag nehme ich das Fleisch aus der Beize und schneide es in grobe Würfel. Diese brate ich ohne Fett in einem Topf an, bis Flüssigkeit austritt. Die Flüssigkeit mit dem strengen Wildgeschmack gieße ich sofort weg und gebe die Fleischwürfel in einen zweiten Topf, wo ich bereits die feingehackte Zwiebel, Karotte und Selleriestange in Butter angedünstet habe. Dort brate ich das Fleisch mit der Butter nochmal rundherum schön an. Wenn die Fleischwürfel Farbe angenommen haben, lösche ich sie mit Rotwein ab und lasse den Wein einkochen. Nun gieße ich eine Kelle voll Brühe an und lasse das Fleisch zugedeckt langsam mit dem Gemüse schmoren. Nach der Hälfte der Garzeit, also nach etwa einer Stunde, salze ich und gieße noch etwas Brühe auf und lasse das Fleisch vollständig garschmoren. Ich serviere das Ragout mit Polenta oder mit Erdäpfelblatteln.

NACHSPEISEN

Apfelküchlein

Paula Federa, St. Ulrich

Wer durch Südtirol fährt, glaubt in einem riesigen Obstgarten zu sein. Schier endlos erstrecken sich die Plantagen, dicht an dicht gereiht stehen fast überall die Apfelbäume. Die besten Äpfel aber, so sagt man, gedeihen in Schlanders. Hier sind die Schwankungen zwischen Tag- und Nachttemperaturen besonders groß, was den Äpfeln intensiveren Geschmack und vor allem eine leuchtende Farbe verleiht.

Zutaten für 6 Personen:
8 mittlere bis große Äpfel, 3 Eßlöffel Zucker, 1/2 Teelöffel Zimt
Für den Teig: 50 g Butter, 50 g Zucker, 125 ml Milch, 2 Tassen Mehl, 3 Eier
Außerdem: Öl oder Butterschmalz zum Ausbacken, Puderzucker zum Bestäuben

Zubereitungszeit: 45 Minuten

Mit einem Apfelstecher hole ich das Kernhaus aus den Äpfeln heraus. Dann schäle ich sie und schneide sie in etwa fingerdicke Scheiben, die ich mit Zucker und Zimt bestreue. Dann bereite ich den Backteig zu. Ich zerlasse die Butter in einem kleinen Pfännchen und verrühre sie mit dem Mehl, der Milch, dem Zucker und den Eiern. In einer Pfanne erhitze ich das Backfett. Wenn es gut heiß ist, tauche ich die Apfelscheiben in den Teig und backe sie golbraun aus. Ich lasse sie kurz auf Küchenkrepp abtropfen und bestäube sie anschließend mit Puderzucker. Heiß serviert schmecken sie am besten.

Apfelstrudel

Oswald Wurzer, Gasthof Lilie, Sterzing

Zutaten für 4 Personen:
Für den Teig: 250 g Mehl, 1 Ei, 2 Eßlöffel Öl, 1 Prise Salz, zerlassene Butter, Semmelbrösel
Für die Füllung: 1 kg Äpfel, 75 g Grießzucker, 50 g Rosinen, je 25 g Mandelsplitter und Pinienkerne, die abgeriebene Schale einer Zitrone
Außerdem: Fett fürs Backblech, zerlassene Butter zum Bestreichen, Puderzucker zum Bestäuben

Zubereitungszeit: 2 1/2 Stunden

Die Kunst bei einem Strudelteig besteht darin, daß er wirklich hauchdünn wird. Ich verknete das Mehl mit dem Ei, dem Öl und so viel lauwarmem Wasser, bis ein geschmeidiger Teig entsteht. Der schwierigste Teil ist das Ausziehen, denn bei dieser Gelegenheit kann der Teig leicht reißen. Am besten zieht man ihn über beide Handrücken nach und nach aus, bis er die gewünschte Größe erreicht hat. Dann breite ich ihn auf einem feuchten Küchentuch aus und streiche ihn mit zerlassener Butter ein. Darüber streue ich eine Handvoll Semmelbrösel, die dazu dienen, die überschüssige Flüssigkeit der Äpfel aufzusaugen.
Nun kann ich an die Füllung gehen. Ich schäle die Äpfel, schneide sie in feine Scheiben und streue sie über das Strudelblatt. Dabei lasse ich am Rand ein paar Zentimeter frei, damit ich den Teig nachher leichter aufrollen kann. Dann verteile ich Grießzucker, Rosinen, Mandeln und Pinienkerne über die Apfelscheiben. Der Strudel ist nun fertig vorbereitet. Ich hebe den Teig an den Rändern auf und rolle ihn vorsichtig auf. Das geht am leichtesten, wenn man sich mit dem Küchentuch behilft und den Strudel darüber abrollt. Jetzt hieve ich den Strudel auf ein gefettetes Backblech (am besten wieder mit Hilfe des Küchentuchs), forme ihn, wenn er zu breit ist, zu einem Hufeisen und streiche ihn mit zerlassener Butter ein. Ich schiebe ihn in den 180° heißen Backofen und backe ihn eine Stunde lang. Vor dem Servieren bestreue ich ihn mit Puderzucker.

Bauernschnitte

Louis Agostini, Kaiserkron, Bozen

Zutaten für 12 Personen:
5 Eier, 125 g Mascarpone, 1/4 l Milch, 125 g Joghurt natur, die abgeriebene Schale einer Zitrone, 100 g Zucker, 1 Päckchen Vanillezucker, 150 g Knödelbrot, 750 g Äpfel, 100 g Sultaninen, 1 Eßlöffel Mehl
Außerdem: reichlich Butter für die Form, 50 g Puderzucker zum Bestreuen

Zubereitungszeit: 90 Minuten

Zunächst trenne ich die Eier, gebe das Eigelb in eine große Schüssel und stelle das Eiklar beiseite. Dann vermenge ich das Eigelb mit Mascarpone, Milch, Joghurt, der abgeriebenen Zitronenschale und dem Zucker und Vanillezucker. Ich schneide das Knödelbrot in feine Streifen und hebe es unter die Eiermasse. Die Äpfel schäle ich und schneide sie in feine Scheiben, bevor ich sie zusammen mit dem Sultaninen und dem Mehl ebenfalls in den Teig rühre. Nun schlage ich das Eiweiß zu Schnee und ziehe es vorsichtig unter. Der Teig ist nun fertig. Ich reibe eine ausreichend große Auflaufform mit reichlich Butter ein und verteile den Teig gleichmäßig darin. Ich bestreue ihn großzügig mit Puderzucker und Butterflöckchen. Das läßt die Bauernschnitte angenehm kroß werden. Dann schiebe ich sie in den Backofen und backe sie bei 160° etwa eine Stunde, bis sie schön goldbraun geworden ist.
Vor dem Servieren bestreue ich sie nochmals mit Puderzucker.

Bischofsbrot

Paula Federa, St. Ulrich

Zutaten für 6 Personen:
200 g Butter, 250 g Zucker, 8 Eier, je 40 g Orangeat und Zitronat, je 40 g Sultaninen und Korinthen, 40 g geschälte Pistazien, 40 g gestiftelte Mandeln, 2 Datteln, 300 g Mehl, 2 Eßlöffel Rum, Backpulver
Außerdem: Fett für die Form

Zubereitungszeit: 45 Minuten
Backzeit: 1 Stunde

Ein gehaltvoller Kuchen, der aber durch die vielen Eier auch wunderbar locker wird! Ich bereite zunächst alle Zutaten vor, damit es nachher einfacher geht: Ich schneide Orangeat und Zitronat in feine Streifen oder Würfel, ich entkerne die Datteln und schneide sie ebenfalls klein. Dann teile ich die Butter in kleine Flöckchen und gebe sie in eine Schüssel. Ich trenne die Eier und gebe das Eigelb zu den Butterflöckchen, das Eiklar stelle ich beiseite. Nun füge ich noch den Zucker zu und rühre die Zutaten sehr schaumig. Wenn Sie das mit der Hand machen, sollten Sie eine halbe Stunde dafür veranschlagen! Dann schlage ich das Eiklar steif und ziehe den Eischnee unter den Teig. Jetzt rühre ich nach und nach das kleingeschnittene Orangeat und Zitronat, die Sultaninen und die Korinthen, die Mandeln und die Pistazien sowie die kleingeschnittenen Datteln unter. Nun lasse ich bis auf einen kleinen Rest das Mehl langsam hineinrieseln und verrühre alles zu einem geschmeidigen Teig. Ich füge noch den Rum zu, damit der Teig schön locker wird. Abschließend vermenge ich das Backpulver mit dem Mehlrest und rühre die Mischung unter den Teig. Nun fülle ich den Teig in eine gefettete Kranzform und backe den Kuchen bei 180° eine knappe Stunde im Ofen. Abkühlen lassen und servieren.

Bozner Schokoladenkuchen

Louis Agostini, Kaiserkron, Bozen

Zutaten für 12 Personen:
250 g Block- oder Zartbitterschokolade, 120 g Butter, 250 g Zucker, 6 Eier, 4 Eßlöffel Mehl
Außerdem: Butter für die Form, Puderzucker oder Schokoglasur

Zubereitungszeit: 60 Minuten

Feiner und zarter schmeckt der Kuchen, wenn Sie anstelle von Blockschokolade Zartbitterschokolade verwenden. Ich breche die Schokolade in kleine Stücke und lasse sie in einer Tasse im Wasserbad schmelzen. In der Zwischenzeit trenne ich die Eier und rühre das Eigelb mit der Butter und dem Zucker schaumig. Dann gebe ich die Schokolade in den Teig und streue das Mehl ein. Jetzt muß ich nur noch das Eiklar zu einem steifen Schnee schlagen und vorsichtig unterheben. Der Teig ist jetzt fertig. Ich fette eine runde Tortenform aus und gieße die Schokoladenmasse hinein. Ich backe den Kuchen bei 200°. Nach einer halben Stunde nehme ich ihn aus dem Rohr, stürze ihn auf eine Kuchenplatte und bestreue ihn mit Puderzucker. Ich kann ihn aber auch erkalten lassen und mit Schokoladenglasur überziehen. Ich serviere den Kuchen mit einem Klecks Schlagsahne.

Bratäpfel

Paula Federa, St. Ulrich

»Schnibi schnabi schneiben, darfst im Stüberl bleiben, dea ma'n Apfel braten lassen – des riecht fein für unser Nas'n: bis er rundum glanzt, auf'm Stangerl tanzt.« Bratäpfel wurden früher einfach ganz langsam auf dem Kachelofen gebraten, bis sie glänzten und sich durch die Hitze auf dem Spieß drehten – ganz so, wie es in diesem alten Südtiroler Weihnachtslied heißt. Und was gibt es Verlockenderes, als bei Schneetreiben in einen frisch gebratenen Apfel zu beißen?

Zutaten pro Person:
1 Apfel, 1 Handvoll Rosinen, etwas Rum, 1 Handvoll Mandelsplitter, 1 Prise Zimt, eventuell etwas Zucker, Butter
Außerdem: Butter für die Form

Zubereitungszeit: 60 Minuten

Die Äpfel aus unserem Obstgarten haben meist eine sehr dicke und rauhe Schale, die ich in der Regel entferne. Sie können die Äpfel aber auch ungeschält lassen. Mit einem Apfelstecher hole ich das Kernhaus heraus und schabe noch etwas Fruchtfleisch aus der Höhlung aus, damit die Füllung genügend Platz hat.
Für die Füllung weiche ich die Rosinen in Rum ein, lasse sie abtropfen und vermenge sie mit einem Großteil der Mandelsplitter und dem Zimt. Wenn Sie sehr saure Äpfel verwenden, den Zimt mit ein wenig Zucker vermischen. Dann gebe ich die Füllung in die Aushöhlung und setze die Äpfel in eine gut gebutterte ofenfeste Form. Bevor ich die Äpfel ins Rohr schiebe, bestreue ich sie mit den restlichen Mandelsplittern und setze ein Butterflöckchen obendrauf. Bis zur gewünschten Konsistenz weichgaren.

Buchteln

Paula Federa, St. Ulrich

Zutaten für 6 Personen:
600 g Mehl, 1 Hefewürfel, 1/4 l lauwarme Milch, 80 g zerlassene Butter, 2 Eigelb, 1 ganzes Ei, 1 Prise Salz, 1 gehäufter Eßlöffel Zucker
Außerdem: etwas Grieß und zerlassene Butter zum Backen, Butter für die Form

Zubereitungszeit: 2 1/2 Stunden

Zunächst löse ich die Hefe in der Hälfte der Milch auf. Die Milch darf wirklich nur handwarm sein, ist sie zu heiß, sterben die Hefepilze ab. Dann gebe ich das Mehl in eine Schüssel, forme in der Mitte eine Grube und gieße die Milch mit der Hefe hinein. Vom Rand häufe ich ein wenig Mehl über die Flüssigkeit, damit sie bedeckt ist. Dann decke ich die ganze Schüssel mit einem sauberen Küchentuch ab und lasse die Mischung an einem warmen Ort gehen. Ich heize dazu das Backrohr auf rund 50° vor, schalte es wieder ab und stelle die Schüssel hinein. Dort ist die empfindliche Hefe nämlich auch vor Zugluft geschützt.
Während die Hefe geht, verrühre ich die zerlassene Butter, die Eidotter, das ganze Ei, die restliche Milch, Salz und Zucker zu einer cremigen Masse und vermenge sie dann sorgfältig mit dem aufgegangenen Hefeteig. Ich verknete alle Zutaten so lange, bis der Teig nicht mehr klebt und sich von der Schüssel löst. Dann forme ich ihn zu einer Kugel, decke ihn wieder zu und lasse ihn nochmals an einem warmen Ort gehen. Sobald der Teig etwa doppelt so groß geworden ist, steche ich mit einem großen Löffel Portionen ab, wende diese in Grieß und zerlassener Butter und lege sie dann in eine gefettete Auflaufform. Die Teigstücke begieße ich mit zerlassener Butter, bedecke sie mit einem Tuch und lasse sie abermals an einem warmen Ort gehen. Dann bestreiche ich sie wieder mit zerlassener Butter, damit sie schön kroß werden, und backe sie im heißen Backofen 45 bis 60 Minuten, bis sie schön goldbraun sind.

Fingergolatschen

Paula Federa, St. Ulrich

Zutaten für 4 Personen:
100 g Butter, 100 g Schweineschmalz, 150 g Zucker, 4 Eigelb, die abgeriebene Schale einer Zitrone, 350 g Mehl
Außerdem: Marmelade zum Füllen, 1 Ei zum Bestreichen, Fett für das Blech

Zubereitungszeit: 75 Minuten

Ich schlage die Eier mit dem Fett und dem Zucker schaumig. Dann gebe ich die abgeriebene Zitronenschale dazu und rühre nach und nach das Mehl ein. Aus diesem Teig forme ich Klößchen von der Größe eines Tischtennisballs. Mit dem Finger forme ich in der Mitte eine kleine Vertiefung und fülle etwas Marmelade hinein. Für die Fingergolatschen schmecken mir Marmeladen aus Beeren am besten. Dann lege ich sie auf ein gut gebuttertes Blech, bestreiche sie noch mit Ei und backe sie bei guter Hitze goldgelb.

Fugazza trentina
Tridentiner Kranzkuchen

Angelina Pedron, Trient

Zutaten für 4 Personen:
20 g Hefe, 100 ml Milch, 400 g Mehl, 120 g Zucker, 3 Eier, 1 Päckchen Vanillezucker, die abgeriebene Schale einer Zitrone, 100 g Butter, 1 Prise Salz

Zubereitungszeit: 90 Minuten
Ruhezeiten für den Teig: insgesamt 3 Stunden

Ich löse die Hefe in handwarmer Milch auf und vermenge sie mit 100 Gramm Mehl. Aus dieser Masse forme ich eine kleine Kugel und lasse sie an einem warmen Ort gehen, bis sie etwa dreimal so groß geworden ist. Das dauert etwa zwei Stunden, genauere Zeitangaben kann ich kaum machen, da die »Arbeitsbereitschaft« der Hefe sehr stark von den individuellen Umständen wie Luftfeuchtigkeit, Luftzug usw. abhängt. Wenn die Teigkugel die gewünschte Größe erreicht hat, verknete ich sie mit dem restlichen Mehl; dann arbeite ich die Zitronenschale, das Salz, zwei Eier, einen Großteil der Butter, 100 Gramm Zucker und den Vanillezucker sowie die restliche Milch ein. Ich knete die ganze Masse eine gute Viertelstunde energisch durch, dann forme ich sie zu einer Kugel und lasse sie an einem warmen Ort gehen, bis sie sich ordentlich aufgeplustert hat (etwa 30–40 Minuten). Mit der restlichen Butter fette ich eine Kranz- oder Guglhupfform ein, bestäube sie mit Mehl und gebe den Teig hinein. Ich backe die Fugazza bei 180° etwa 35–40 Minuten. Ich lasse sie auskühlen, bevor ich sie serviere.

Gewürztraminer-Creme

Louis Agostini, Kaiserkron, Bozen

Rosafarben sind die Trauben der Gewürztraminerrebe, die diesen ungemein würzigen und weichen Weißwein ergeben. Ob die Rebe wirklich aus dem gleichnamigen Ort Tramin stammt, ist nicht ganz gesichert. Doch wo sie auch ihre Ursprünge haben mag – der Wein, der aus ihr gemacht wird ist außergewöhnlich aromatisch!

Zutaten für 4 Personen:
100 ml Gewürztraminer, 20 ml Cognac, der Saft einer Zitrone, 70 g Zucker, die Schale einer unbehandelten Zitrone, 300 ml Sahne
Außerdem: Beeren zum Garnieren

Zubereitungszeit: 30 Minuten
Einwirkzeit: 12 Stunden

Bereits am Abend vorher verrühre ich den Wein, den Cognac und den Zitronensaft mit dem Zucker. Ich schneide die unbehandelte Zitronenschale in feine Würfelchen und hebe sie unter. Diese Mischung lasse ich über Nacht marinieren. Zur endgültigen Verarbeitung streiche ich die Masse durch ein Spitzsieb, gebe die Sahne dazu und schlage alles im kalten Wasserbad halbfest. Ich garniere die Creme mit Beeren und serviere sie.

Herbststrudel

Louis Agostini, Kaiserkron, Bozen

»Herbststrudel« nennt sich dieses Rezept, weil nicht nur Äpfel, sondern auch frische Trauben in die Füllung kommen.

Zutaten für 12 Personen:
200 g Blätterteig, 1 kg Äpfel, 300 g weiße Trauben,
100 g Butter, 100 g Zucker, 100 g gehackte Walnußkerne,
50 g Honig, 1 Eßlöffel Zimt
Außerdem: 1 Eigelb zum Bestreichen

Zubereitungszeit: 75 Minuten

Den Blätterteig rolle ich auf einem Backblech, das ich mit kaltem Wasser besprengt habe, möglichst dünn aus. Dann schäle ich die Äpfel und schneide sie in feine Scheibchen. Ich wasche und halbiere die Trauben und menge sie unter die Apfelscheiben. In einer Pfanne erhitze ich die Butter und streue den Zucker ein, den ich leicht karamelisieren lasse. Dann gebe ich das Obst in die Pfanne und dünste es kurz mit. Nach etwa fünf Minuten nehme ich die Pfanne vom Herd und rühre Honig, Nüsse und den Zimt unter. Wenn die Apfelmasse abgekühlt ist, verteile ich sie auf dem Blätterteig und rolle das Ganze zu einem Strudel auf. Ich bestreiche ihn mit Eigelb und backe ihn bei 180° etwa 45 Minuten.

Honiglebkuchen

Paola Obletter, Sterzing

Zutaten für 8 Personen:
500 g Honig, 1 kg Mehl, 4 Eier, 350 g Zucker, je 100 g Orangeat und Zitronat, 100 g Mandeln, die abgeriebene Schale einer Zitrone, 1 Teelöffel Zimt, 1/2 Teelöffel Nelkenpulver, 10 g Hirschhornsalz
Außerdem: Mandeln, Hagelzucker und kandierte Früchte zum Garnieren, Butter und Mehl für das Backblech

Zubereitungszeit: 2 Stunden
Ruhezeit für die Lebkuchen: 12 Stunden

Zuerst muß ich den Honig im Wasserbad zergehen lassen. Ich fülle ihn dazu in eine Schüssel, die ich in einen weiten Topf stelle. Sowie sich der Honig verflüssigt, rühre ich so viel Mehl ein, bis eine zähe Masse entsteht. Diese Masse lasse ich abkühlen. In der Zwischenzeit schneide ich Zitronat und Orangeat in feine Würfel und hacke die Mandeln fein, aber nicht zu fein, man sollte ihren »Biß« noch ein wenig spüren. Dann rühre ich die Eier und den Zucker schaumig und gebe nach und nach Zitronat und Orangeat und die Mandeln dazu. Nun kommen noch die Gewürze in den Teig. Das Hirschhornsalz vermische ich mit dem restlichen Mehl und rühre es ebenfalls unter. Jetzt geht es darum, die Honigmasse und den zweiten Teig miteinander zu vermischen. Das erfordert ein wenig Kraft, denn die Honigmasse ist ja relativ zäh. Ich verknete beide Teige mit den Händen, bis eine gleichmäßige Mischung daraus entsteht. Der Lebkuchenteig ist nun fertig. Ich rolle ihn auf einer bemehlten Arbeitsfläche etwa fingerdick aus und steche beliebige Formen aus: Herzen, Vierecke, Tannenbäume, Weihnachtsmänner usw. Nach Belieben können Sie sie jetzt noch garnieren. Die Weihnachtsmänner bekommen ein Gesicht, die Tannenbäume bekommen mit Hagelzucker Tannenzapfen – Ihrer Phantasie sind keine Grenzen gesetzt! Ich lege die Lebkuchen auf ein Backblech, das ich gut eingefettet und mit Mehl bestäubt habe, und lasse sie über Nacht ruhen. Am nächsten Tag backe ich sie bei 180°.

Kirchtigkrapfen

Karl Unterhofer, Amadé, Bozen

Am dritten Sonntag im Oktober feiert man Kirchweih. Das hohe Kirchenfest wirde auch mit einer Reihe von besonderen Spezialitäten begangen. Als Hauptgang wurde (und wird) beispielsweise traditionsgemäß Gans gegessen (vgl. Rezept Seite 97) als Süßspeise reicht man die schmalzgebackenen Kirchtigkrapfen.

Zutaten für 4–6 Personen:
Für den Teig: 600 g Mehl, 1/4 l Sahne, 1 Ei, 2 Eßlöffel Öl, 1 Prise Salz
Für die Füllung: 200 g Kletzen (Dörrbirnen), 1 Päckchen Vanillezucker, 1 Schuß Rum
Außerdem: Fett zum Ausbacken

Zubereitungszeit: 45 Minuten
Ruhezeit für den Teig: 2 Stunden

Ich häufe das Mehl in eine Schüssel, füge nach und nach die übrigen Zutaten hinzu und knete daraus einen geschmeidigen Teig. Dann decke ich die Schüssel ab und lasse den Teig zwei Stunden ruhen. In der Zwischenzeit bereite ich die Füllung vor. Dazu koche ich die Kletzen weich, lasse sie abkühlen und hacke sie ganz fein. Dann gebe ich sie in eine Schüssel und vermische sie mit dem Vanillezucker und aromatisiere sie mit ein wenig Rum.
Wenn der Teig soweit ist, teile ich ihn in zwei gleich große Hälften, die ich auf einer bemehlten Arbeitsfläche so dünn wie möglich ausrolle. Auf eines der Teigblätter setze ich mit einem Teelöffel kleine Portionen von der Kletzenfüllung. Zwischen den einzelnen Portionen lasse ich etwa vier Zentimeter Abstand. Dann lege ich die zweite Teigplatte obendrauf und drücke sie in den Zwischenräumen gut fest. Mit einem Teigrädchen trenne ich die einzelnen Krapfen ab. Ich backe sie nach und nach im heißen Fett goldgelb aus. Bis zum Backen decke ich die Krapfen mit einem Tuch ab. Während des Backens begieße ich sie ständig mit heißem Öl, denn dadurch plustern sie sich noch mehr auf.

Kaiserschmarrn

Paula Federa, St. Ulrich

»Schmarrn« bezeichnet ein Rührgericht und ist keineswegs nur auf Süßspeisen beschränkt. Er war schon immer gerade in der einfachen Küche sehr beliebt, weil man in seiner wilden Unordnung wunderbar die verschiedensten Reste unterbringen kann, denn schließlich bedeutet das Wort »Schmarrn« auch »Unsinn« ...

Zutaten für 4 Personen:
4 Eier, 400 g Mehl, 3/4 l Milch, 1 Prise Salz, 2 Handvoll Rosinen, nach Belieben in Rum eingeweicht
Außerdem: Fett zum Backen, Puderzucker zum Bestäuben

Zubereitungszeit: 20 Minuten

Ich rühre die Eier, das Mehl und die Milch zu einem gleichmäßigen Teig, der relativ flüssig sein sollte, und würze ihn mit einer Prise Salz. Ich erhitze das Fett in einer weiten Pfanne. Wenn es heiß genug ist, gieße ich den Teig hinein. Am besten schmeckt der Kaiserschmarrn übrigens, wenn Sie ihn mit Butter oder Butterschmalz backen. Wenn der Teig fest zu werden beginnt, teile ich ihn mit einer Gabel oder einer Bratschaufel (bei beschichteten Pfannen keine spitzen Gegenstände verwenden, die den Belag zerkratzen können!) in unregelmäßige Stücke, die ich immer wieder wende, bis sie ganz durchgebraten sind. Kurz bevor der Schmarrn fertig ist, streue ich die Rosinen ein und schwenke sie noch ein paar Minuten mit. Vor dem Servieren bestäube ich das Ganze mit reichlich Puderzucker.

Wenn Sie den Kaiserschmarrn als Hauptgericht und nicht als Dessert einplanen, reichen Sie Apfel- oder Zwetschgenkompott als Beilage.

Mandelbögen

Paula Federa, St. Ulrich

Zutaten für 4 Personen:
4 Eiklar, 200 g Puderzucker, 80 g Mandelstifte, 80 g gehackte Mandeln, der Saft einer Zitrone
Außerdem: Backpapier oder Oblaten, Hagelzucker

Zubereitungszeit: 30 Minuten
Trocknen der Bögen: 90 Minuten

Natürlich können Sie Mandelbögen in jeder Südtiroler Bäckerei fertig kaufen, aber mit ein wenig Fingerspitzengefühl gelingen sie auch zu Hause wunderbar.
Ich schlage das Eiklar zu festem Schnee und rühre dann den Puderzucker mit einem Schneebesen unter. In der Regel siebe ich den Puderzucker sicherheitshalber vorher meist noch einmal durch, damit sich keine Klümpchen bilden können. Dann gebe ich die Masse in einen Topf und schlage sie auf dem Herd weiter. Das verlangt ein wenig Aufmerksamkeit, denn der Zucker darf auf keinen Fall anbrennen. Wenn die Zuckermasse gut heiß ist, rühre ich die gestiftelten und gehackten Mandeln sowie den Zitronensaft ein. Mit einem Backlöffel schlage ich die Masse so lange weiter, bis sie wieder heiß und schön dick geworden ist. Jetzt sofort vom Herd nehmen und Bögen formen. Ich lege dazu ein Backblech mit Backpapier aus oder verwende Oblaten. Ich streiche die Mandelmasse messerrückendick auf. Die Bögen sollten etwa zwei Finger breit und fingerlang sein. In Südtirol hat man für die Bögen speziell gewölbte Backbleche; Sie können die Mandelmasse aber auch eben backen – sie wird genauso gut schmecken! Dazu verstreichen Sie die Masse nicht, sondern formen portionsweise Bögen. Bevor ich sie ins Rohr schiebe, bestreue ich sie mit Hagelzucker und lasse sie eine Stunde antrocknen. Dann genügt es, wenn ich sie im Ofen bei ca. 100° eine weitere halbe Stunde nachbacke.

Mandelbusserl

Paula Federa, St. Ulrich

Wie ein Kuß oder eben ein »Busserl« werden diese Mandelmakronen hingehaucht. Das geht außerdem ganz einfach – Paula verrät Ihnen, wie:

Zutaten für 4 Personen:
4 Eiklar, 150 g Zucker, 200 g Mandeln, der Saft einer halben Zitrone, Oblaten

Zubereitungszeit: 60 Minuten

Ich schlage das Eiklar zu Schnee und verrühre es mit dem Zucker. Die Mandeln tauche ich ein paar Minuten in heißes Wasser, damit ich sie häuten kann. Dann reibe oder mahle ich sie mit einer Küchenmaschine fein und vermenge sie mit der Zuckermasse. Nun rühre ich noch den Zitronensaft unter – fertig.
Mit einem Teelöffel steche ich kleine Portionen vom Teig ab und setze sie auf die Oblaten. Ich verteile die Oblaten auf einem Backblech und lasse die Busserl im Ofen bei etwa 100° eher trocknen als backen.

Maronenparfait

Barbara Rossi, Nogaredo

Es heißt, die Römer hätten die Kastanien ins Trentino gebracht. Vorwiegend werden sie gebraten, in Südtirol sind sie in dieser Form zentraler Bestandteil des Törggelen. Sie sind aber auch Basis zahlreicher raffinierter Desserts:

Zutaten für 4 Personen:
500 g Maronen, 1 Prise Salz, 1 Vanillestange, 50 g Zucker, 2 Eiklar, 3/4 l Milch, 1 Becher Sahne

Zubereitungszeit: 90 Minuten
Kühlzeit: 60 Minuten

Lang dauert eigentlich nur das Garkochen und Schälen der Maronen, der Rest ist in Minutenschnelle erledigt. Ich gebe die ungeschälten Maronen in einen Topf mit leicht gesalzenem Wasser und koche sie gar. Nach einer guten Stunde kann ich die Maronen abgießen und auskühlen lassen. Dann schäle ich sie und püriere sie im Mixer. Nun erhitze ich vorsichtig die Milch in einem Topf und rühre das Mark der Vanilleschote ein. Ich gebe die pürierten Maronen und den Zucker dazu. Ich lasse alles einmal aufkochen, dann nehme ich den Topf vom Herd und lasse die Masse abkühlen. Nun schlage ich die Sahne steif und verrühre das Ganze mit der vorbereiteten Maronen. Jetzt die Masse in eine große Schüssel oder Portionsförmchen füllen und eine Stunde in den Gefrierschrank stellen.

Wer eine Eismaschine hat, kann auch richtiges Kastanieneis zubereiten. Dazu werden 400 Gramm Zucker mit etwas Rum und 8 Eigelb schaumig geschlagen. Diese Masse gibt man dann zu den Kastanien, schlägt alles zusammen auf dem Herd zu Creme, läßt sie erkalten und gibt sie in die Eismaschine.

Maronensoufflé

Giliola Bonmasser, St. Johann

Zutaten für 4 Personen:
300 g Maronen, 50 g Zucker, 5 Eigelb, 3 Eiklar, 1/4 l Milch, 50 g Butter, 1 Prise Salz
Außerdem: Fett für die Form

Zubereitungszeit: 60 Minuten
Garzeiten: insgesamt 80 Minuten

Die Maronen werden auf einem Backblech vorgeröstet. Dazu ritze ich sie mit einem spitzen Küchenmesser ein und verteile sie auf dem Backblech. Ich schiebe sie für einige Minuten in den heißen Backofen. Diese Vorbehandlung erleichert ganz wesentlich das Schälen und Häuten der Kastanien, das ich in Angriff nehme, sobald sie ein wenig abgekühlt sind. Die geschälten Kastanien gebe ich in einen Topf mit leicht gesalzenem Wasser und koche sie in einer guten Stunde gar. Die weichgekochten Maronen püriere ich mit dem Mixer. Ich vermenge die Maronen mit dem Zucker, der Butter und dem Eigelb. Nun schlage ich das Eiklar zu Schnee und ziehe es unter die Maronenmasse. Dabei darf ich immer nur in ein und dieselbe Richtung rühren, damit der Eischnee nicht zusammenfällt.
Mit etwas Butter fette ich die Souffléform und fülle die Maronenmasse ein. Die Form sollte so bemessen sein, daß das Püree die Form höchstens zu Dreiviertel füllt. Das Soufflé soll ja noch Platz haben zum Aufgehen! Ich schiebe das Ganze in den Ofen und gare es 20 Minuten bei 200°. Vor Ablauf der Backzeit ja nicht das Backrohr öffnen, denn dann würde die ganze Pracht im Nu zusammenfallen. Das Soufflé wird heiß serviert.

Mohnkrapfen

Oswald Wurzer, Gasthof Lilie, Sterzing

Das althochdeutsche Wort »krafo«, aus dem sich der Begriff »Krapfen« entwickelt hat, bezeichnete grundsätzlich Schmalzgebackenes. So kommt es, daß unter ein und demselben Begriff verschiedene Süßspeisen (Hefebällchen, Teigtaschen usw.) rangieren, die nur eines gemeinsam haben: sie sind schwimmend in Fett ausgebacken.

Zutaten für 8–10 Personen:
Für den Teig: 1 kg Mehl, 200 g Butter, 1/4 l Sahne, etwas Wasser, Salz, 1 Ei
Für die Füllung: 200 g Mohn, 200 g Zucker, 1 Tasse Milch, 3 Eßlöffel Honig
Außerdem: Fett zum Ausbacken

Zubereitungszeit: 60 Minuten
Ruhezeit für den Teig: 60 Minuten

Für den Teig vermenge ich alle Zutaten in einer großen Schüssel und verknete sie zu einer geschmeidigen Masse. Ich decke die Schüssel mit einem Küchentuch ab und lasse den Teig eine Stunde lang ruhen. In der Zwischenzeit bereite ich die Füllung zu. Beim Mohn sollten Sie darauf achten, daß er möglichst frisch gemahlen ist, weil sein Aroma dann ungleich intensiver ausfällt. Ich vermenge den Mohn mit Zucker, Milch und Honig und verrühre die Zutaten zu einer gleichmäßigen Masse.
Nun widme ich mich wieder dem Teig. Ich teile ihn in zwei gleich große Hälften und rolle diese auf einer bemehlten Arbeitsfläche möglichst dünn aus. Nun bestreiche ich eine Teigplatte locker mit der Mohnmasse, wobei ich kleine Zwischenräume lasse. Ich decke mit der zweiten Teighälfte ab und drücke sie in den Zwischenräumen fest. Mit einem Teigrädchen trenne ich nun unregelmäßige Teigflecken ab, die ich in Fett schwimmend ausbacke. Dies ist übrigens eine etwas heikle Angelegenheit. Die Hitze will wohl dosiert sein, damit der Krapfen auch innen durch wird, andererseits aber außen nicht verbrennt.

Mohnstrudel

Oswald Wurzer, Gasthof Lilie, Sterzing

Zutaten für 4 Personen:
25 g Hefe, 300 g Mehl, 150 ml Milch, 60 g Zucker, 60 g Butter, 1 Prise Salz
Für die Füllung: 250 g frischgemahlener Mohn, 1 Vanilleschote, 100 g Zucker, 2 Eßlöffel Honig, 1/2 Teelöffel Zimt, die abgeriebene Schale einer halben Zitrone, 1 Eßlöffel Rum, 1/2 Glas Milch, 50 g Rosinen
Außerdem: Fett für die Form

Zubereitungszeit: 3 Stunden

Ich löse die Hefe mit einer Prise Zucker in wirklich nur lauwarmer Milch auf. Die Milch darf keinesfalls zu heiß werden, sonst sterben die Hefepilze ab. Ich häufe das Mehl in eine Schüssel und forme in der Mitte eine Vertiefung. In diesen Krater gieße ich die Hefemischung, decke sie vorsichtig wieder mit etwas Mehl zu und lasse sie eine halbe Stunde zugedeckt an einem warmen Ort gehen. Dann füge ich den restlichen Zucker und das Salz dazu und verknete alles zu einem gleichmäßigen Teig, den ich zugedeckt wieder eine halbe Stunde gehen lasse.

In der Zwischenzeit bereite ich die Füllung zu: Ich koche den frischgemahlenen Mohn zusammen mit dem Mark der Vanilleschote in der Milch auf. Dann rühre ich Honig und Zucker ein und lasse die ganze Masse wieder abkühlen. Danach erst rühre ich den Zimt, die abgeriebene Zitronenschale, die Rosinen und den Rum unter.

Jetzt rolle ich den Hefeteig auf einer bemehlten Arbeitsfläche aus und bestreiche ihn mit der Mohnmasse. Nun rolle ich das Ganze zu einem Strudel und drapiere ihn in eine gut gebutterte Backform. Ich lasse den Strudel jetzt nochmals eine halbe Stunde zugedeckt gehen, bevor ich ihn im Backrohr bei ca. 180° eine Dreiviertelstunde backe.

Polsterzipfel

Paula Federa, St. Ulrich

Zutaten für 4 Personen:
Für den Teig: 250 g Mehl, 40 g Butter, 1 Ei, ca. 1/2 Tasse Milch
Für die Füllung: (Johannisbeer-)Marmelade, 1 Eßlöffel Schnaps
Außerdem: Fett zum Ausbacken

Zubereitungszeit: 60 Minuten
Ruhezeit für den Teig: 60 Minuten

Ich vermenge Mehl, Butter, das Ei und die Milch zu einem glatten Teig. Die exakte Menge Milch hängt sehr von der Luftfeuchtigkeit ab. Sie sollte jedenfalls so bemessen sein, daß der Teig eher fest wird. Diesen Teig lasse ich eine Stunde ruhen, bevor ich ihn auf einer bemehlten Arbeitsfläche dünn ausrolle. Mit einem Teigrädchen schneide ich Vierecke von etwa 8 x 8 cm Kantenlänge aus. Ich verrühre nun die Marmelade mit dem Schnaps und setze mit einem Teelöffel kleine Portionen davon in die Mitte der Teigblätter. Dann klappe ich sie zusammen, so daß kleine Dreiecke in der Form eines Zipfels entstehen. Ich drücke sie gut an, damit beim Backen die Marmelade nicht austreten kann.
In Fett schwimmend ausbacken und servieren.

Presnitz
Marzipankuchen
Angelina Pedron, Trient

Zutaten für 4 Personen:
Für die Marzipanmasse: 200 g Mandeln, 200 g Zucker, die abgeriebene Schale einer halben Zitrone, 1 Teelöffel Vanillezucker, 1 Ei
Für den Kuchen: 1 Packung Tiefkühl-Blätterteig, 100 g Hasel- oder Walnußkerne, 100 g Zitronat, 50 g Pinienkerne, 1 Messerspitze Zimt, 1 nußgroßes Stück Butter

Zubereitungszeit: 90 Minuten

Zuerst wird das Marzipan zubereitet. Ich tauche die Mandelkerne kurz in heißes Wasser, damit sie sich leichter häuten lassen. Dann hacke ich sie mit der Küchenmaschine so fein wie möglich. Ich vermenge die gehackten Mandeln mit dem Zucker, der abgeriebenen Zitronenschale und dem Vanillezucker. Dann arbeite ich das Ei in die Mandelmasse ein und lasse das Ganze eine Weile ruhen. In der Zwischenzeit tauche ich die Walnußkerne oder Haselnüsse einige Minuten in heißes Wasser und häute sie anschließend. Dann trockne ich sie gut ab und hacke sie grob. Dieses Nußhack vermenge ich mit der Marzipanmasse. Nun taue ich den Blätterteig laut der Anweisung auf der Packung auf und rolle ihn auf einem Backblech aus, das ich vorher mit eiskaltem Wasser benetzt habe. Auf dem Blätterteig verteile ich die Marzipan-Nuß-Masse, die ich mit Pinienkernen und fein gewürfeltem Zitronat bestreue. Dann bestäube ich den Kuchen mit einem Hauch Zimt, klappe ihn wie eine Tasche übereinander und schiebe ihn in den 180° heißen Ofen. Nach 35–40 Minuten ist der Presnitz fertig. Vor dem Servieren lasse ich ihn auskühlen.

Schwarzplententorte

Ulli Mair, Pretzhof, Tulfer

Diese Torte aus Buchweizenmehl gehört zum Standardrepertoire an Südtiroler Backwaren. Sie ist so einfach zuzubereiten, daß Ulli sie sogar ihren Lehrlingen anvertraut – und sie gelingt immer!

Zutaten für 4 Personen:
7 Eier, 250 g Butter, 250 g Zucker, 250 g geriebene Haselnüsse, 250 g Buchweizenmehl, 2 Päckchen Vanillezucker
Außerdem: Fett für die Form, Marmelade zum Füllen, Puderzucker zum Bestäuben

Zubereitungszeit: 75 Minuten

Damit der Teig schön locker wird, trenne ich die Eier und schlage das Eiklar zu Schnee. Das Eigelb rühre ich mit der Butter und dem Zucker schaumig, dann streue ich die Nüsse ein, menge nach und nach das Mehl unter, bevor ich ganz zum Schluß den Eischnee und den Vanillezucker unterziehe. Nun fülle ich den Teig in eine gefettete Springform und backe ihn bei 170° etwa 50 Minuten lang. Ich lasse die Torte auskühlen, schneide sie mit dem Messer oder einem Faden in der Mitte durch und fülle sie mit Marmelade. Eine eher etwas säuerliche Johannisbeermarmelade eignet sich am besten. Dann setze ich die Torte wieder zusammen und bestäube sie großzügig mit Puderzucker.

Strauben

Oswald Wurzer, Gasthof Lilie, Sterzing

Zutaten für 4 Personen:
500 g Mehl, 2 Gläschen Schnaps, knapp 1/2 l Milch, 1 Prise Salz, 3 Eier, 2 Eßlöffel Zucker, 1 Päckchen Vanillezucker, 1 Teelöffel Backpulver
Außerdem: Öl zum Ausbacken, eventuell Zuckerglasur

Zubereitungszeit: 45 Minuten

Ich verrühre das Mehl mit dem Schnaps, der Milch und einer Prise Salz zu einem festen Teig. Dabei muß ich wirklich kräftig umrühren. Sobald eine gleichmäßige Masse entstanden ist, trenne ich die Eier und menge zunächst die Eidotter mit dem Zucker und dem Vanillezucker unter. Dann schlage ich das Eiklar steif und ziehe es mit dem Backpulver vorsichtig unter den Teig. Jetzt kann ich die Strauben in Öl schwimmend ausbacken. Dazu fülle ich den Teig in eine Spritztülle und spritze Teigkringel (in der Mitte beginnen) in das heiße Öl. Ich backe sie aus, bis sie goldbraun sind. Zum Auskühlen setze ich sie auf Küchenkrepp, das das überschüssige Fett aufsaugt. Jetzt kann ich sie noch mit Zuckerglasur überziehen. Dazu verrühre ich gut gesiebten Puderzucker mit 2–3 Eßlöffeln Schnaps oder Rum. Ich gieße die Zuckermasse über die Strauben und lasse sie fest werden.

Tiroler Zitronenmüsl
Zitronencreme

Paula Federa, St. Ulrich

Zutaten für 4 Personen:
3 Eier, 60 g Zucker, der Saft und die abgeriebene Schale einer Zitrone, 2–3 Eßlöffel Milch

Zubereitungszeit: 30 Minuten

Damit die Zitronencreme besonders locker wird, trenne ich die Eier und schlage das Eiklar zu Schnee. Das Eigelb schlage ich mit dem Zucker schaumig. Dies geschieht ausnahmsweise nicht einfach in einer Schüssel, sondern in einer Pfanne am Herd. Ich muß dabei ganz kräftig rühren, bis eine dicke Masse entsteht. Dann stelle ich sie ins kalte Wasserbad und schlage sie weiter, bis sie abgekühlt ist. Dabei rühre ich die Hälfte der abgeriebenen Zitronenschale und den Zitronensaft ein. Wenn die Masse zu fest werden sollte, lockere ich sie mit etwas Milch auf. Ganz zum Schluß hebe ich den Eischnee unter. Vor dem Servieren streue ich die restliche Zitronenschale über die Creme.

Topfenpalatschinken

Paula Obletter, Sterzing

Zutaten für 6 Personen:
Für die Palatschinken: 2 Eier, 2 Tassen Mehl, 2 Tassen Milch, 1 Prise Salz
Für die Füllung: 3 Eier, 100 g Butter, 100 g Zucker, die abgeriebene Schale einer halben Zitrone, 500 g Topfen (Quark), 60 g Rosinen
Für die Sauce: 1/2 l Milch, 2 Eier, 2 Eßlöffel Zucker
Außerdem: Fett zum Backen, Butter für die Form, Puderzucker zum Bestäuben

Zubereitungszeit: 75 Minuten

Zunächst bereite ich die Palatschinken vor. Dazu verrühre ich die beiden Eier mit dem Mehl und der Milch sowie einer Prise Salz zu einem gleichmäßigen Teig. Das Mehl notfalls voher sieben, damit es keine Klümpchen bilden kann. Aus dem glatten und eher flüssigen Teig backe ich in heißem Fett nacheinander zwölf hauchdünne Pfannkuchen. Ich schichte sie auf einen Teller und lasse sie abkühlen.
In der Zwischenzeit bereite ich die Füllung zu: Ich trenne die Eier und rühre das Eigelb mit der Butter und dem Zucker schaumig. Dann rühre ich die Zitronenschale und den Topfen sowie die Rosinen darunter. Nun schlage ich das Eiklar zu Schnee und ziehe es vorsichtig unter die Topfenmasse. Die Füllung ist nun fertig.
Jetzt setze ich auf jeden Pfannkuchen eine großzügige Portion Füllung und schlage die überstehenden Seiten des Pfannkuchens darüber. Ich schichte sie in eine gebutterte Auflaufform und übergieße sie mit der Sauce, die ich aus den Zutaten rühre, die ich Ihnen eingangs genannt habe. Nun schiebe ich die Form ins Rohr und lasse die Palatschinken etwa zehn Minuten überbacken. Vor dem Servieren bestäube ich sie leicht mit Puderzucker.

Topfenstrudel

Paula Obletter, Sterzing

Zutaten für 4 Personen:
Für den Teig: 25 g Hefe, 1/4 l Milch, 250 g Mehl, 40 g Zucker, Salz, die abgeriebene Schale einer Zitrone, 1 Ei
Für die Füllung: 100 g Butter, 60 g Zucker, 4 Eier, 1 Päckchen Vanillezucker, die abgeriebene Schale einer Zitrone, 300 g Topfen (Speisequark), 30 g Sultaninen, 4 Eßlöffel Sahne
Außerdem: Fett für das Backblech, etwas Eigelb zum Bestreichen

Zubereitungszeit: 2 Stunden

Zunächst bereite ich ein sogenanntes »Dampfl« zu: Ich löse die Hefe in der Hälfte der lauwarmen Milch auf, mische Zucker und Mehl in einer Schüssel, forme eine Vertiefung im Mehlberg und gieße dann die aufgelöste Hefe hinein. Dann decke ich die Hefe zu und lasse sie gehen.
In der Zwischenzeit kann ich gut die Strudelfüllung vorbereiten. Ich trenne drei Eier und schlage das Eigelb mit dem vierten ganzen Ei, der Butter und dem Zucker schaumig. Nun rühre ich die Zitronenschale, die Sultaninen, die Sahne und den Topfen ein. Der Topfen sollte schön fest und nicht zu naß sein, damit die Füllung nicht zu schwer wird. Zum Schluß schlage ich das Eiklar zu Schnee und ziehe es unter. Das macht die Füllmasse schön locker.
Jetzt ist wieder der Teig an der Reihe. Ich verknete das Mehl-Hefe-Gemisch mit der Zitronenschale, dem Ei und der restlichen Milch sehr kräftig. Der Teig ist fertig, wenn er Blasen wirft und sich vom Schüsselrand löst. Ich fette ein Backblech ein und lege den Teig darauf. Ich rolle ihn aus, klappe ihn wie Blätterteig schichtenweise übereinander, rolle ihn aus, klappe ihn wieder übereinander und rolle ihn nochmals auf die Größe des Backblechs aus. Jetzt bestreiche ich ihn mit der Füllung und rolle ihn zu einem Strudel auf. Ich pinsle ihn mit dem verquirlten Eigelb ein, lasse ihn nochmals eine halbe Stunde gehen und backe ihn dann bei 180° goldbraun.

Torta di frigolotti
Mandelkuchen

Ada Chiesa Rappo, Trient

»Frigolotti« bedeutet im Dialekt des Trentino in etwa »Krümelchen«, wobei der Name des Kuchens bereits auf seine Zubereitungsweise und seine Konsistenz verweist. Im nicht weit entfernten Mantua kennt man den gleichen Kuchen unter dem Namen »Sbrisolona«, was man mit »Bröselkuchen« übersetzen könnte. Selbstredend behauptet jede Stadt, Heimat des Kuchens zu sein und das einzig echte Rezept dafür erfunden zu haben . . .
Hier die Tridentiner Version:

Zutaten für 6 Personen:
250 g Mandeln, 500 g Mehl, 250 g Butter, 250 g Zucker, 1 Gläschen Grappa, 1 Prise Salz
Außerdem: Fett für die Form

Zubereitungszeit: 75 Minuten

Zunächst bereite ich die Mandeln vor. Ich tauche sie in heißes Wasser und pelle sie. Dann hacke ich sie nach Belieben fein oder in kleine Stifte und stelle sie beiseite. Nun gebe ich das Mehl in eine Schüssel, vermische es mit dem Zucker und füge stückchenweise die eiskalte Butter dazu und verknete sie nach und nach mit dem Mehl-Zucker-Gemisch. Das muß ich mit den Händen machen, damit der Teig krümelig bleibt. Dann gieße ich die Grappa hinein und zerkrümele den Teig weiter mit den Händen, der auf keinen Fall naß wirken darf, sondern immer trocken und krümelig bleiben muß. Wenn der Teig die Konsistenz von Grieß hat, füge ich nach demselben Prinzip die Mandeln dazu. Dann fülle ich den Teig in eine gefettete Springform. Ich schiebe die Form in den Ofen und backe die Torta bei 160°, bis sie schön goldbraun ist. Sie wird beim Backen ziemlich hart. Deshalb bricht man sie vor dem Verzehr in kleine Stücke (Krümel!) und stippt sie vielleicht in ein Gläschen Vinsanto.

Uova strappazzate
Rotweineier

Domenica Pedrini, Az. agr. Pravis, Lasino

Uova strappazzate waren der klassische Imbiß der Bauern. Zur Erntezeit wurde nachmittags eine Magd vom Hof losgeschickt und brachte den Bauern die kräftigende Eierspeise aufs Feld. Rotwein wurde meist sogar selbst gekeltert; ihn und die Eier zu beschaffen, war in der Regel sehr einfach. Den Luxus von richtigem Bohnenkaffee für das Rezept leistet man sich erst heute, während man früher in der Regel mit Malzkaffee vorliebnahm.

Zutaten pro Person:
1 Ei, 1 Eßlöffel Zucker, 1 Glas Rotwein, 1 Tasse Kaffee

Zubereitungszeit: 5 Minuten

Ich trenne das Ei und schlage das Eiklar zu Schnee. Das Eigelb verquirle ich mit dem Zucker, dann hebe ich den Eischnee unter. Nun gieße ich die Mischung mit einem Teil Rotwein und einem Teil Kaffee auf – fertig.

»Versoffene Ritter«

Paula Federa, St. Ulrich

Sollten Sie sich an einem kalten Winterabend einen Glühwein brauen, so können Sie ohne großen Aufwand ein paar »Versoffene Ritter« dazu servieren. Paula verrät Ihnen, wie's geht:

Zutaten für 4 Personen:
4 Weißbrotscheiben vom Vortag, 1/8 l Glühwein, 2 Eßlöffel Zucker, 1 Eßlöffel Kakaopulver
Außerdem: Butter zum Rösten

Zubereitungszeit: 10 Minuten

Ich halbiere die Weißbrotscheiben und tauche sie kurz in den Glühwein. Dann wende ich sie in einer Mischung aus Zucker und Kakaopulver und röste sie ein paar Minuten in heißer Butter.

Zelten

Paula Federa, St. Ulrich

Sowohl im Trentino als auch in Südtirol sind Zelten ein ganz klassisches Weihnachtsgebäck. Wie alle bodenständigen Speisen werden sie je nach Region mit kleinen Abweichungen zubereitet. Der Grundteig besteht jedoch immer aus getrockneten Früchten und Roggenmehl. In früheren Zeiten verwendete man ausschließlich Roggenmehl, weil im rauhen Gebirgsklima kein Weizen gedieh. Heute nimmt man in der Regel ein Gemisch aus beiden Mehlsorten.

Zutaten:
500 g getrocknete Feigen, 250 g Kletzen (Dörrbirnen), 500 g Rosinen, je 250 g Haselnüsse, Mandeln und Walnüsse, je 100 g Zitronat und Orangeat, 1 Eßlöffel Anis, Kümmel und Korianderkörner, 1 Teelöffel Nelkenpulver, 2 Teelöffel Zimt, 1/4 l Weißwein, 1/4 l Rum, 1/8 l Grappa, der Saft von 3 Orangen und 2 Zitronen
Für den Teig: 250 g Butter, 350 g Zucker, 200 g Honig, 4 Eier, 3 Hefewürfel, 1/4 l Milch, 1 kg Weizenmehl, 500 g Roggenmehl

Zubereitungszeit: 3 Stunden
Einweichzeit für das Dörrobst: 12 Stunden

Bereits am Vortag weiche ich die gedörrten Birnen und die Feigen ein. Dazu schneide ich sowohl die Birnen als auch die Feigen blättrig und gebe sie zusammen mit den Gewürzen in eine Schüssel und gieße sie mit dem Wein, Rum und Grappa auf, bis sie schön bedeckt sind. Sollte die Flüssigkeit nicht ausreichen, gieße ich noch die entsprechende Menge Wasser nach.
Das Mehl häufe ich auf eine Arbeitsfläche. Ich forme in der Mitte eine kraterförmige Vertiefung und gebe zuerst die Hefe, die ich in der lauwarmen Milch aufgelöst habe, hinein und lasse den Teig an einem warmen und geschützten Ort gehen. In der Zwischenzeit zerlasse ich Butter im Wasserbad. Dann gebe ich Eier und Zucker dazu und schlage alles im lauwarmen Wasserbad schaumig. Dann füge ich den

Honig hinzu und rühre weiter, bis eine gleichmäßige Masse entsteht. Nach einer guten halben Stunde gebe ich die Eimasse hinein, so daß ich alles zu einem Teig verkneten kann. Sobald ein gleichmäßiger Teig entsteht, gieße ich die eingeweichten Früchte ab und arbeite sie nach und nach mit allen übrigen Zutaten in den Teig. Ich muß zugeben, daß das ganz schön viel Kraft kostet, denn der Teig ist ziemlich schwer. Wenn alle Zutaten gut untergemengt sind, forme ich den Teig zu einer Kugel und lasse ihn eine Stunde gehen. Dann forme ich einen großen oder mehrere kleine Laibe und backe sie im Ofen bei 200°. Es empfiehlt sich, die Zelten eine Woche ruhen zu lassen, bevor man sie verzehrt.

Zwetschgenknödel

Ulli Mair, Pretzhof, Tulfer

Aß man Zwetschgenknödel früher überwiegend als Hauptspeise, so sind sie heute dagegen ein beliebtes Dessert. Laut Ulli sind sie auch ganz einfach herzustellen.

Zutaten für 4 Personen:
250 g Topfen, 50 g Butter, 100 g Mehl, 75 g Grieß, 1 Ei, 1 Prise Salz, 15–20 Zwetschgen
Außerdem: 1–2 Handvoll Semmelbrösel, etwas Butter, Zimt, Zucker

Zubereitungszeit: 60 Minuten

Die wichtigste Regel für Zwetschgenknödel lautet: Man soll sie wirklich nur ganz frisch zubereiten und sofort verzehren. Denn die Zwetschgen enthalten viel Saft und weichen die zarten Knödel sonst auf.
Ich verknete alle Zutaten außer den Zwetschgen zu einem glatten und geschmeidigen Teig, den ich gut zwanzig Minuten im Kühlschrank ruhen lasse. In der Zwischenzeit wasche und entkerne ich die Zwetschgen.
Mit beiden Händen knete ich den Teig jetzt nochmals gut durch und forme daraus die Knödel. Das geht am leichtesten, wenn man die Hände vorher leicht anfeuchtet. Die Menge reicht – je nach Größe – für 15 bis 20 Stück. Mit dem Finger forme ich in der Mitte eine Vertiefung, gebe eine entkernte Zwetschge hinein und schließe den Knödel wieder. Nun gare ich die Knödel in siedendem Wasser, bis sie an die Oberfläche kommen. In der Zwischenzeit bereite ich die Butterbrösel vor. Dazu zerlasse ich in einer kleinen Pfanne die Butter und bräune die Semmelbrösel unter ständigem Rühren an. Dann nehme ich die Pfanne vom Herd. Wenn ich die Knödel mit der Schaumkelle aus dem Topf hebe, lasse ich sie kurz abtropfen und wälze sie dann in den Butterbröseln. Ich bestreue sie noch kurz mit Zucker und Zimt und serviere sie.

Zwetschgenkuchen

Paula Federa, St. Ulrich

Zutaten für 4 Personen:
4 Eier, 180 g Butter, 200 g Zucker, 300 g Mehl, Backpulver, 1 kg Zwetschgen
Außerdem: Fett für die Form, Puderzucker zum Bestäuben

Zubereitungszeit: 90 Minuten

Das Besondere an diesem Kuchen ist, daß er gewissermaßen in zwei Raten gebacken wird. Das ist aber längst nicht so kompliziert, wie es sich zunächst vielleicht einmal anhört.
Ich trenne die Eier und schlage das Eigelb mit der Butter und dem Zucker schaumig. Dann rühre ich nach und nach das Mehl ein; die letzte Mehlportion vermische ich mit dem Backpulver und rühre sie ebenfalls in den Teig. Nun schlage ich das Eiklar steif und ziehe den Schnee unter den Teig. Die Hälfte der Teigmasse fülle ich jetzt in eine gefettete Form und backe sie eine halbe Stunde vor.
In der Zwischenzeit entsteine ich die Zwetschgen, häute sie, soweit möglich, und erwärme sie mit ein wenig Zucker in einem Topf, damit die überschüssige Flüssigkeit austreten kann. Dann verteile ich sie auf dem vorgebackenen Kuchen, schichte die zweite Teighälfte darüber und backe den Kuchen in weiteren dreißig Minuten fertig.
Vor dem Servieren erkalten lassen und mit Puderzucker bestäuben.

DIE WEINE ZU MAMMAS KÜCHE

Die Weine der Alpen, seien es französische, schweizerische, österreichische oder italienische, haben ihren eigenen Rang in der Welt des Weines. Gemeinsam ist ihnen aufgrund der alpinen Herkunft eine Vegetationszeit des Rebstocks, die der Höhenlage entspricht. Unterschiede ergeben sich durch die einzelnen Rebsorten, verschiedenartige Gesteinsverwitterungsböden, bestimmte Kleinklimazonen und nicht zuletzt durch die Arbeit der Winzer in Weinberg und Keller.

Im Konzert der Alpenweine zählt die Region Trentino-Alto Adige oder Trentino-Südtirol durch ihre geographische Lage und ihre Geschichte zu den bekanntesten. Wer alpine Landschaften und Weine liebt, wird sich von dieser Region mit ihren Gegensätzen zwischen Gletscherzonen, wilden Felsformationen der Dolomiten, Waldstreifen und Almen, schließlich den Tälern bis zum mediterran anmutenden Lago di Garda immer wieder faszinieren lassen.

Reben werden hier seit über 2000 Jahren angebaut. An ein für den Weinbau wichtiges Datum in der bewegten Geschichte von Trentino-Südtirol sollte man sich erinnern: Nachdem Österreich 1859 die Lombardei und 1866 auch Venetien verloren hatte, lag das Trentino an der Grenze des Habsburgerreiches. Dadurch gerieten Landwirtschaft und Handel in eine Krise, andererseits fehlten dem Kaiserreich die großen Weinmengen, die Alltagsweine aus Venetien und der Lombardei. In dieser Situation beschloß der Landtag von Tirol im Januar 1874 die Errichtung einer Schule, um den Wein- und Ackerbau im Trentino und in Südtirol sowohl im Interesse der Bewohner der Region wie auch im Landes- und Reichsinteresse zu fördern. Als Ort bot sich das Kloster der von Napoleon verjagten Augustiner-Chorherren in San Michele an, die inzwischen in Neustift bei

Brixen eine neue Heimat gefunden hatten. Erster Leiter des Instituts wurde Edmund Mach, ein exzellenter Fachmann, für dessen Wahl auch seine italienischen Sprachkenntnisse den Ausschlag gaben, denn es sollte in beiden Sprachen unterrichtet werden. Das Institut bekam eine bunte Aufgabenpalette zugewiesen. Neben dem Unterricht in Theorie und Praxis waren das zur Schule gehörende Land- und Weingut mustergültig zu führen, eine Versuchsanstalt zu unterhalten und staatliche Kontrollaufgaben im Bereich der Landwirtschaft zu übernehmen, wobei man der Ausbildung der Nachwuchskräfte größte Bedeutung beimaß. Die Spuren der Institutsabsolventen lassen sich in der Weinbaugeschichte bis heute verfolgen und zeigen, welch große Wirkung das Institut gehabt hat und heute noch ausübt.

Nach dem Zusammenbruch der Donaumonarchie wurde das ganze Gebiet 1919 Italien zugesprochen. Die italienische Politik gegenüber den deutschsprachigen Südtirolern bis 1945 ist bis heute noch nicht vergessen und hat auch nach dem Krieg noch zu großen Schwierigkeiten geführt. Seit 1948 heißt die Region Trentino-Alto Adige und umfaßt zwei autonome Provinzen, die italienischsprachige Provinz Trento und die dreisprachige Provinz Bozen (deutsch, italienisch, ladinisch). Der Bindestrich scheint jedoch oft mehr ein Trennungsstrich zu sein. Im Lande selbst spricht man zum Beispiel nur selten über Weine aus dem Trentino-Alto Adige, sondern über Südtiroler und Trentiner Weine. Auf der alljährlichen großen italienischen Weinmesse, der Vinitaly in Verona, treten die beiden Provinzen getrennt auf. Auf der anderen Seite gibt es natürlich gute und beste Kontakte zwischen einzelnen Winzern, bei denen die Sprachgrenze keine Rolle spielt.

Die Gemeinsamkeiten im Weinbau sind jedenfalls nicht zu übersehen. In den letzten 15 Jahren machte sich in beiden Provinzen ein Streben nach besseren Weinen bemerkbar, das seit Ende der achtziger Jahre immer deutlicher wird. Denn inzwischen haben fast alle erkannt, daß Massenweine, die unter Umständen noch mit Billigmosten aus dem Süden verschnitten sind, sich immer schlechter verkaufen lassen, individuelle, kleinere Partien dagegen immer besser. Die Umstrukturierung zeigt schon hier und da deutliche Spuren, sie wird für manche Betriebe enorme wirtschaftliche Schwierigkeiten bringen.

Im hochalpinen Südtirol liegen nur 14% der Gesamtfläche unter 1000 Metern Seehöhe. Der Weinbau ist zwischen 200 m Meereshöhe in Tallagen und 600 m in Hanglagen angesiedelt, in Extremfällen auch bis 900, ja sogar 1000 m. Insgesamt werden von über 5000 Winzern auf knapp 5000 Hektar Reben angebaut, sei es in Steil- oder Hügellagen oder auch in den Flachlagen am Ufer der Etsch. Riesenrebflächen wie zum Beispiel in der venezianischen Ebene sieht man jedoch selbst in Tallagen nicht. Es überwiegen Weingärten, die an Hängen zu kleben scheinen, Hügel bedecken oder sich in Mulden verstecken. Die Traubenernte 1992 ergab insgesamt etwa 440 000 Hektoliter Wein.

Die vorherrschende Erziehungsart ist die Pergel, die geschickt die zum Teil schon vor Jahrhunderten angelegten Terrassen ausnutzt. Diese alte Methode wurde aus mehreren Gründen von der Schule in San Michele all'Adige gefördert. Einer davon war die damals erwünschte, heute umstrittene hohe Traubenausbeute. Neuanlagen werden seit einigen Jahren von innovativen Winzern oft gegen diese Tradition geplant. Man kann schon hier und da Drahtrahmenzug mit Guyoterziehung (d.h. Spalier) und Dichtpflanzungen nach französischem Vorbild sehen, die weniger, aber extraktreichere Trauben liefern.

Südtirols Weine entstehen und reifen in den Kellern von 16 Genossenschaften (über 50%), von etwa 35 Weinkellereien (über 40%), die Trauben oder Jungweine einkaufen, und knapp 40 Winzerbetrieben (rund 5%), die hier Eigenbaukellereien heißen. Dieser Name klingt zwar wie »selbst gebastelt«, hat aber keine pejorative Bedeutung – ganz im Gegenteil! Er weist nur auf die in Südtirol (noch?) seltene Tatsache hin, daß Weinbergs- und Kellerarbeit bis zur Flaschenabfüllung in einer Hand liegen und keine Trauben oder Weine zugekauft werden, es sich also beim Flascheninhalt im besten Sinne um eine Erzeuger- oder Selbstabfüllung handelt.

Ein Großteil der Weine (ca. 80%) wird als Qualitätswein oder DOC-Wein (Vino a denominazione di origine controllata) abgefüllt, der Rest als Tafelwein (Vino da tavola). Aus der letzten Gruppe können demnächst nach einem Gesetz von 1992 auf dem Etikett typische Weine mit Herkunftsbezeichnung (Vino ad indicazione geografica tipico) herausgehoben werden, die sogenannten IGT-Weine.

Die DOC-Weine treten auf als »Kalterersee«, »St. Magdalener«, »Meraner«, »Meraner Hügel«, »Bozner Leiten«, »Eisacktaler«; verschiedene »Terlaner« und schließlich »Südtiroler« werden auf dem Etikett noch mit der Bezeichnung der einzelnen Rebsorte ergänzt, z.B. »Terlaner Weißburgunder«. Bei einigen Bezeichnungen ist der Zusatz »klassisch« erlaubt und bedeutet, daß der Wein aus einem eng umgrenzten Gebiet kommt. Das Etikett kann deutsch, italienisch oder zweisprachig sein.

Die vier erstgenannten DOC-Weine sind ausschließlich oder überwiegend Vernatschweine, die über die Hälfte der Südtiroler Weinproduktion ausmachen. An der Rebsorte Vernatsch, italienisch Schiava, in Württemberg Trollinger genannt, scheiden sich die Geister. Früher der bekannteste Wein des Landes – und heute soll es kein guter Wein mehr sein? Auf jeden Fall ist es ein eigenständiger Rotwein, der ins internationale Rotweinbild nicht passen will. Wer ihn aber schätzen gelernt hat, wird ihn nicht mehr missen wollen: feinfruchtig, elegant, mit niedrigem Säure- und Tanningehalt, mit Veilchen- und Mandeltönen, hell- bis tiefrot. Er paßt zu vielen Gelegenheiten, hat seinen Platz auf der schattigen Terrasse, mundet zur Marende wie zum großen Abendessen. Man muß nur den richtigen Typ herausfinden, die richtige Winzeradresse kennen. Seien Sie aber vorsichtig, es finden sich viele belanglose Flaschen auf dem Markt!

Der andere typische Südtiroler Rotwein ist der Lagrein. Besonders wenn der Ertrag weit unter dem DOC-Limit liegt und der Wein im Barrique ausgebaut wurde, ist er tieffarbiger, voller und kräftiger. Dieser herbe und gleichzeitig samtige Rotwein wächst fast nur hier. Aus der gleichen Traube wird auch der Lagrein Kretzer ausgebaut, ein relativ dunkelfarbener, intensiver Roséwein. Aus französischen Rebsorten gedeihen Blauburgunder, Cabernet und Merlot. Die Spitzenprodukte – es gibt sie seit Jahren – sind unverkennbare Südtiroler, und doch von internationalem Rang.

Die Weißweine, zu 99% trocken ausgebaut, mengenmäßig noch in der Minderzahl, können viel Rasse, Eleganz, Kraft, Frucht und Frische haben, je nach Höhenlage, nach Erntemenge, nach Lesedatum und Ausbau, sei es im Stahltank oder – viel seltener – im Barrique. Wenn in den beiden letzten Monaten vor der Ernte die Nachttemperaturen zu wenig absinken, ist im Wein dann gelegentlich die (wichtige) Säure zu gering, die Weine verlieren nach ein bis eineinhalb Jahren ihre Frische. Sauvignon, Chardonnay, Pinot grigio sind die Renner, Weißburgunder und Gewürztraminer die Klassiker, Müller-Thurgau (aus hohen Lagen), Sylvaner, Veltliner aus dem Eisacktal schon fast Exoten. Die Traminerrebe soll in Tramin ihren Ursprung haben; ihre Weine erreichen eine deutliche Sortentypik und hohe Qualität, wenn sie sorgfältig ausgebaut werden, doch nicht die Wucht und Fülle der Elsässer – für den, der ein Glas mehr trinken will, sicherlich ein Vorteil!

Eine Besonderheit aus den gut fünf Hektar Weinland in Bozen und im Unterland soll nicht unerwähnt bleiben: Hier wächst der traditionelle Dessertwein Südtirols, ein rubinroter, eleganter, mittelschwerer, deutlich restsüßer Wein mit Rosenaromen: der Rosenmuskateller.

In den siebziger Jahren begann es nach Trentiner Vorbild und Anregungen aus Deutschland und Frankreich an einigen Punkten der Provinz erst richtig zu perlen. Aus Chardonnay und Pinot nero entstanden nach einer zweiten Gärung des abgefüllten Jungweins und nach langen Lagerzeiten harmonische Schaumweine. Zur Zeit arbeiten rund zehn Sektkellereien nach der klassischen, an der Champagnerherstellung orientierten Methode. Die Qualitäten sind unterschiedlich, eine Probe dieser Spumanti ist jedoch durchaus lohnend. Daß es sich hier immer um die Geschmacksrichtung »brut« oder »extra brut« handelt, versteht sich in Südtirol von selbst.

Wer von Deutschland über den Reschenpaß nach Südtirol reist, begegnet im Vintschgau den ersten Reben, wer über den Brenner fährt, sieht sie im Eisacktal oberhalb von Brixen. Im Meraner Becken, im Bozner Kessel, im Überetsch und dann weiter im Unterland begleiten sie ihn bis an die Provinzgrenze. Die »vigneti« (Weingärten) des Trentino schließen sich nahtlos an.

Proben sind bei Weingütern nach telefonischer Anmeldung in den meisten Fällen möglich, bei Winzergenossenschaften und Kellereien gibt es immer Probier- und Einkaufsmöglichkeiten. Bei Genossenschaften und Händlern versprechen die sogenannten Spitzenlinien des jeweiligen Hauses den höchsten Genuß. Das heißt aber nicht, daß man auf die anderen verzichten sollte, allein schon, um Qualitätsunterschiede genauer zu spüren. Gerade in Südtirol gibt es eine Reihe guter einfacher »Weine für jeden Tag«. Anschriften sind in der Fachliteratur oder über die Handelskammer in Bozen (Garibaldistraße 4, Nähe Bahnhof) leicht zu erfahren. In der gehobenen Gastronomie hat sich den letzten Jahren die Qualität von Weinauswahl und -karte deutlich verbessert. Was bleibt da noch zu sagen? Gute Reise!

Hier noch ein paar Namen als Anhaltspunkte:

Chardonnay: Erste und Neue KG, Kaltern; Lageder, Margreid

Grauburgunder: Lageder, Margreid; Waldthaler, Auer

Müller-Thurgau: Tiefenbrunner, Kurtatsch
Sauvignon: Dipoli, Leifers; Haderburg, Salurn; KG Terlan; Lageder Margreid
Sylvaner: Pliger, Brixen
Traminer: Hofkellerei, Tramin; Hofstätter, Tramin; Stroblhof, Tramin; Tiefenbrunner, Kurtasch
Weißburgunder: Grai, Bozen; Hofstätter, Tramin; St. Michael, Eppan
Spumante classico: Haderburg, Salurn; Lorenz Martini, Girlan; Reiterer, Mölten
Blauburgunder: Haas, Montan; Hofstätter, Tramin Niedrist, Girlan
Cabernet: KG Kurtatsch; Lageder, Margreid; KG Schreckbichl, Girlan; Schwanburg, Nals; Elena Walch, Tramin; Widmann, Kurtatsch
Lagrein: Laimburg, Pfatten; Kloster Muri, Bozen; Niedermayer, Girlan
Merlot: Haas, Montan; KG Andrian; KG Schreckbichl
Vernatsch: Brigl, Girlan; Dürfeld de Giovanelli, Kaltern; Gojer, St. Magdalena-Bozen; Erste und Neue KG Kaltern; KG Girlan; Kuenburg, Kaltern; Obermoserhof, St. Magdalena-Bozen; Waldthaler, Auer
Rosenmuskateller: Erste und Neue KG, Kaltern; Haas, Montan; Kuenburg, Kaltern

Betrachten Sie aber diese Namen wirklich nur als Anhaltspunkte. Viel aufschlußreicher als eine solche Liste dürfte ein Besuch der »Bozner Weinkost« sein, der traditionellen Weinmesse, die in jedem Frühjahr stattfindet. Ein anderer Weg wäre ein Abend in einem gut geführten Restaurant, wo Sie zu auf hohem Niveau zubereiteten heimischen Gerichten ausgesuchte Südtiroler Weine auch glasweise probieren können.
Wie überall kann man natürlich diskutieren, zu welchem Gericht welcher natürlich einheimische Wein am besten paßt. Zu einer Brettljause mit Bauernspeck und Almkäse mundet ein Kalterersee, ein Grauvernatsch oder ein St. Magdalener hervorragend, und je besser Speck, Käse und Wein sind, umso größer ist das Vergnügen. Die Kombination Sauvignon zu Spargel mit Bozner Sauce (vgl.

Rezept auf Seite 128) überzeugt immer wieder, aber es braucht nicht unbedingt ein ganz junger Sauvignon zu sein! Wildgerichte harmonieren besonders gut mit Lagrein, aber je nach Zubereitungsart auch mit Blauburgunder oder Cabernet. Und ob Sie Grau- oder Weißburgunder, Sylvaner oder Rheinriesling zu der reichen Vorspeisenpalette oder zum Fisch wählen, bleibt ganz Ihrer Phantasie und Ihrem persönlichen Geschmack überlassen.

In Südtirol sind es nur 14%, im Trentino liegen schon 30% der Fläche zwischen 70 und 1000 Meter Meereshöhe. Unter Reben stehen über 8000 Hektar, davon rund 5000 Hektar für DOC-Weine. Die Reben werden meist wiederum in der Form der Pergola oder auch Doppelpergel erzogen, die an einigen Stellen von anderen Erziehungsarten abgelöst sind. Die Struktur der Betriebe hat zwar Ähnlichkeit mit der der nördlichen Nachbarprovinz, aber die Unterschiede sind deutlich: das Qualitätsprofil bestimmen hier mehr die Aziende agricole (Weingüter, Winzerbetriebe); es sind über 200 an der Zahl, die allerdings nur für 6% der Weinproduktion sorgen. Die über 50 Weinkellereien liefern 21% und die Genossenschaften 73%. Zur Zeit gibt es einen Zusammenschluß von Genossenschaften, die Càvit in Trient, in der 13 Genossenschaften Mitglieder sind, und zwei weitere unabhängige.

Die Sektherstellung nach der klassischen Methode hat im Trentino fast hundertjährige Tradition. Giulio Ferrari hatte 1902 in Trient eine Sektkellerei eröffnet. Die Jahresproduktion belief sich am Anfang auf einige hundert Flaschen. 1952 verkaufte er das Unternehmen an Bruno Lunelli, dessen Familie unter dem Gründernamen erfolgreich weiterarbeitet. In den sechziger und siebziger Jahren entstanden neue Spumante-Häuser, die ebenfalls nach dem Champagnerverfahren arbeiten. 1984 wurde die Associazione Spumante Trento Classico gegründet, deren Mitglieder strenge Produktionsvorschriften beachten müssen. Mit den besten Flaschen des Trentino können wohl nur solche aus der Franciacorta oder aus dem Oltrepò Pavese konkurrieren und einige wenige aus Piemont und Südtirol.

Die Reben für Spumante und Stillwein wachsen im Etschtal, dem Val Lagarina um Rovereto, in dem westlich parallel gelegenen Valle dei Laghi, das sich bis zum Nordende des Gardasees erstreckt, im Cembratal, weltberühmt für seine Porphyrbrücke, und auf der Pianura Rotaliana, dem Mündungsbereich des Noce zwischen Mezzolombardo und der Etsch. Es gibt Hang- und Tallagen, und oft wachsen auch in den letzteren hervorragende Trauben. Die Ursprungsbezeichnungen beziehen sich entweder auf Teilgebiete der Provinz wie Sorni, Caldaro (auch im Trentino darf Kalterersee wachsen!), Teroldego Rotaliano, Casteller oder auf die gesamte Provinz als DOC Trentino mit dem Zusatz einer Rebsorte (17 Möglichkeiten) oder Trentino bianco (Chardonnay und Pinot bianco) oder Trentino rosso (Cabernet und Merlot); schließlich Trentino Vin Santo, eine selten überzeugende Dessertweinvariante aus teilgetrockneten Trauben der Nosiolarebe. Wer dabei die erlaubten Erntemengen ausschöpft, erhält niemals große Weine, sondern vielleicht solide Alltagsweine, aber dieser Satz gilt für Südtirol genauso. Valdadige oder Etschtaler gilt für das Etschtal von Bozen über Trient bis fast nach Verona, für rote und weiße Weine, für mehrere Rebsorten und Verschnitte gleichermaßen. Große Weine dürften unter dieser DOC-Bezeichnung selten sein!

Sich neben Genossenschaften und Händlern zu behaupten ist bei der Weinbaustruktur des Trentino nicht immer leicht. Deshalb haben sich die »Vitivinicoltori« oder »Vignaioli« – Winzer, die ihre eigenen Trauben selbst ausbauen – 1987 zu einer »Associazione Vignaioli del Trentino« zusammengeschlossen. Zur Zeit zählt diese Vereinigung rund 80 Mitglieder. Jedes Jahr kann man viele von ihnen mit ihren Weinen auf einem Stand der Vinitaly in Verona treffen. Alle bauen natürlich die schon Anfang des Jahrhunderts und früher ins Trentino gekommenen französischen Reben wie Chardonnay und Cabernet an, aber sie legen auch großen Wert auf heimische Sorten wie Marzemino und Teroldego, die nur hier im Trentino wachsen und so eigenständige fruchtig-harmonische Rotweine ergeben, daß es verwundert, daß diese Weine nicht bekannter sind. Bei den Weißweinen wäre hier der Nosiola aus dem Seental, Valle dei Laghi, oder aus der Umgebung von Lavis im Etschtal zu nennen. Die Nosiolatraube wäre im Etschtal wohl schon verschwunden, wenn Giuseppe Fanti in Pressano di Lavis sie in den siebziger und achtziger Jahren nicht als einziger angebaut und vermehrt hätte. Der pikante, frische Sommerwein hat seinen eigenen Charme und wird heute von mehreren Winzern angeboten.

Im Vallagarina ist seit Jahrhunderten Marzemino zu Hause. Schon in Mozarts Don Giovanni wird der jugendlich kräftige Rote zitiert, der als Riserva auch gute Alterungsmöglichkeiten hat.

Auf dem Campo Rotaliano, jener Ebene am Zusammenfluß von Noce und Etsch, die erst durch die Verlegung des Noce in der Mitte des 19. Jahrhunderts zu sicherem Weinland wurde, wächst besonders Teroldego, eine rote, heimische Traube. Sie bringt fruchtige junge oder nach dem Ausbau im Holzfaß volle, elegante, gereifte Rotweine hervor, wenn der richtige Winzer oder die richtige Winzerin sie pflegen.

Die Genossenschaften und Händler antworten auf diese Aktivitäten mit eigenen Ansätzen zur Qualitätssteigerung. Ihre gut ausgebildeten Önologen beraten die Mitglieder schon bei der Anlage der Weingärten und der Auswahl der Rebsorten. Auch hier bringen Ertragsbeschränkungen und moderne Kellertechnik hervorragende Weine hervor, die in eigenen, sogenannten Spitzenlinien, auf den Markt gebracht werden. Aber auch die »mittleren Qualitäten« der Trentiner Weine sind in den letzten Jahren stark verbessert worden – dem Weinliebhaber kann's nur recht sein.

Neben guten DOC-Weinen stehen – wie in Südtirol – einige bemerkenswerte Vini da Tavola oder Tafelweine, die meistens aus Cabernet und Merlot, d. h. nach Bordeauxvorbild gemacht werden, was im DOC-Statut nicht vorgesehen ist.

Mit der heimischen Küche des Trentino harmonieren die Weine bei richtiger Auswahl perfekt. Ob Weißburgunder, Chardonnay, Nosiola, Müller-Thurgau oder Riesling zum Fisch getrunken werden sollten, hängt von der Art und Zubereitung ab. Gekochter Fisch mit weißer Sauce verträgt sich z. B. gut mit Müller-Thurgau, zu Aal paßt der kräftiger strukturierte Riesling. Traminer eignet sich zu Krustentieren und pikanten Käsesorten. Ein Gamsbraten verlangt Lagrein Dunkel vom Campo Rotaliano, Rindfleisch und alter Grana padano wohl eher Teroldego.

Einer Reise ins Trentino steht oft die Sprachgrenze entgegen. Man sollte sich aber dadurch nicht abschrecken lassen. Viele Trentiner verstehen zumindest Deutsch, und eigentlich wäre es schade, sich die Trentiner Betriebe und ihre hochinteressanten Weine entgehen zu lassen (Auskünfte und Adressen liefert das Comitato Vitivinicolo in Trento).

Zum Schluß darf hier eine Vokabel nicht fehlen: la grappa. Durch sorgfältige Verarbeitung der Trester entstehen Brände von sehr guter Qualität, z. B. bei Bruno Pilzer im Cembratal, bei Pojer e Sandri in Faedo und Giovanni Poli in San Massenza. Und ob Sie nun die Grappa oder der Grappa sagen – ein Grund mehr für eine Reise!

Wiederum sind die folgenden Namen nur als Anhaltspunkte gedacht, wenn Sie bestimmte Weintypen aus dem Trentino suchen:

Chardonnay: Armani, Dolcé; Casata Monfort, Lavis; Endrizzi, San Michele; Istituto agrario, San Michele; Pojer e Sandri, Faedo; Zeni, Grumo
Moscato giallo: Bolognani, Lavis
Pinot bianco: Foradori, Mezzolombardo
Sauvignon: Castel Noarna, Rovereto
Spumante classico: Abate Nero, Trento; Ferrari, Trento; Methius, Mezzolombardo; Pojer e Sandri, Faedo
Cabernet: Balter, Rovereto; Cavit, Trento; Letrari,

Nogaredo; Pravis, Lasino; San Leonardo, Borghetto; de Tarczal, Isera
Marzemino: Simoncelli, Rovereto; de Tarczal, Isera
Pinot nero: Cantina sociale di Lavis; Maso Cantanghel, Civezzano; Pojer e Sandri, Faedo
Teroldego: Conti Martini, Mezzocorona; Foradori, Mezzolombardo
Schiava: Balter, Rovereto
Dessertweine: Conti Martini, Moscato Rosa; Pravis, Moscato Rosa; Pojer e Sandri, Essenzia

Entsprechend der Bozner Weinkost veranstaltet man in Trient im Frühjahr die Mostra Vini del Trentino. Während dieser Messe sind die neuen Weine fast aller Erzeuger zu verkosten.

Wie kommt ein Wein in die Liste von Garibaldi

In unserer Liste sind die wichtigsten Weinbauregionen Italiens ihrer Vielfalt und ihrem Qualitätsniveau entsprechend präsentiert. Ebenso sind auch die meisten typischen Rebsorten und einzelne Weine jeder Region vertreten. Dennoch fehlen einige große Namen. GARIBALDI verzichtet lieber auf eine bekannte Weinsorte, wenn uns das Angebot nicht zusagt. Wir richten uns nicht nach den gängigen Moden (und Namen), sondern bieten eine eigenständige, von unseren Qualitätsbegriffen geprägte Auswahl an.

Besonders wichtig sind mir die Menschen, die den Wein machen. Ihre Einstellung zum Wein sollte mit meiner möglichst übereinstimmen. Aus diesen Gründen führt GARIBALDI ausschließlich Güter von kleiner und mittlerer Größe mit hohem Qualitätsstandard. Ich wähle die Weine beim Winzer vor Ort aus und schaue mir auch die Weinberge und Keller genau an. Dazu kommen Vergleichsproben auf Reisen, auf Weinmessen und bei uns in München. Ich achte schon beim Einkauf darauf, daß die Preise stimmen. Besonders hochklassige Weine kosten ihr Geld, aber ich suche auch mit besonderer Sorgfalt gute, preiswerte Weine aus.

Jeder Wein hat eine eigene Persönlichkeit, es gibt nicht den einen guten oder besten Wein (aber viele schlecht gemachte Weine!). Ich respektiere die Individualität jedes Weines und will durch unser Angebot die Vielfalt der italienischen Weine fördern und erhalten.

Eberhard Spangenberg

EBERHARD SPANGENBERG'S GARIBALDI
D-8000 München 40 · Schellingstraße 60 · Tel. 089 · 2720906

Weinliste bei GARIBALDI Frohschammerstraße 14, 80807 München

Mit dem Begriff WEIN-BASTION verbindet sich stetes Bemühen, die Arbeit guter Winzer dem Weinfreund nahezubringen.

Wir legen wie der Verfasser dieses Werkes großen Wert auf Originalität, auf Bodenständigkeit aller Produkte.

Für unsere Arbeit haben wir das ideale Umfeld, eine alte Festungsanlage aus dem 19. Jahrhundert, Gewölbe an Gewölbe. Einmalig in dieser Größe, beeindruckend die Auswahl.

H. [illegible]

WEIN-BASTION, 89077 ULM, SCHILLERSTR. 1
TEL. 0731/166993 FAX.: 0731/69199
Geöffnet: MO.-FR. 10^{00}-18^{00}, SA. 09^{00}-14^{00}